GehDichte

Neuauflage 2022

Mit über 20 neuen Texten

AF175625

KOMM.
Flut. Wellen brechen unsere Worte.
Wie in Luftpolsterfolie gewickelte Kristallgläser
verhüllt das Rauschen der Brandung ihren Sinn.
Die Erschütterung setzt später ein. Ebbe.
GEH WEG.

Es kroch in uns hinein.

Wir spalteten erst die Tage.
Dann die Nächte.

Der Winter kam.
Der Frühling und der Sommer.

Ganz zum Schluss
spalteten wir unsere Köpfe.

Herbst.

Da kroch es wieder aus uns hinaus.

Die Liebe.
Komm!, sagte sie.

Der Hass.
Geh weg!, sagte er.

Das Leben
blieb stumm.

Die Worte.
Gespalten.

GEH DICHTE

KOMM GEH WEG

MRS. McH

WORTE|NICHTSALSWORTE
PROSA|LYRIK & WORT|SPALTEREIEN

Bibliografische Information der Deutschen Nationalbibliothek:
Die Deutsche Nationalbibliothek verzeichnet diese Publikation in der
Deutschen Nationalbibliografie; detaillierte bibliografische Daten
sind im Internet über http://dnb.dnb.de abrufbar.

ISBN: 978-3-756-22235-3
© Mrs. McH 2019 / Neuauflage 2022
www.instagram.com/mrs.mch

Herstellung und Verlag: BoD – Books on Demand, Norderstedt

Über GehDichte

Gedichte
Geschichten
und Wortspaltereien
über Kommen und Gehen
über WegGehen und WegLassen
für [Wort]Liebhaber
Ge[H]dichte und Ge[H]schichten
über mächtig große und winzig kleine
GlücksLose und die Ambivalenz
von Sehnsucht und Liebe
in einer Welt
aus

FestHalten und LosLassen

WWW.INSTAGRAM.COM/MRS.MCH

ÜBER MRS. McH

GIBT ES NICHT VIEL ZU SAGEN.
SIE IST AUF DEM WEG.
DARÜBER SCHREIBT SIE.
ÜBER GEHWEGE. ABWEGE. UMWEGE.
SACKGASSEN UND NEUE PFADE.
GE[H]DICHTE. GE[H]SCHICHTEN.
OHNE ANFANG.
AMBIVALENT.
OHNE ENDE.
MIT UND OHNE
SCHLUSSSTRICH

*»Ich habe nur noch meine Worte,
gut versteckt in meinen Eingeweiden.
Nun ist es Zeit, sie hochzuwürgen.«*

WIDMUNG

FOR MY BELOVED

Ich wollte nur
[ein bisschen] Halt.
Da gabst du mir
dein [ganzes] Herz.

Nun bist du
[meine] Heimat.

GehZeiten

LiebesTöter

YOU ONLY LIVE ONCE

verdacht
verdichtet
auf Verdacht gedacht
dazugedichtet
ausgerichtet
auf Verdächtigung
Ermächtigung
der Gedanken
die sich ranken
um das Denken
Hirn verrenken
gedankenplauschig
synapsenrauschig
von Kopfgeflüster
zu Kopfgeschrei
von einerlei
zu keinerlei
immer wieder
auf und nieder   gedacht
rein und raus   mitgegangen
mit den Gedanken   mitgefangen
in offene Flanken   weggesperrt
ohne Schranken   ausgeleert
ohne Maß   ausgegangen
Hebt das Glas!   der Abspann läuft
auf das Denken   der Kopf ersäuft
auf das Dichten   hirnbetrunken
auf das Lenken   abgewunken
auf das Richten   der Irrfunken
in Gedanken   erlischt
die sich manifestieren   erwischt
arrangieren   im Kopfkino
abgrundtief ins Narrativ   zu viel gedacht

MÄCHTIG GROßE UND WINZIG KLEINE GLÜCKSLOSE

ES IST KEIN WUNDER,
DASS DEINE PFADE
AUSGETRETEN SIND.
WIEDER
UND
WIEDER
GEHST DU
DIESELBEN WEGE.
SOGAR IM SCHLAF
KANNST DU SIE
STOLPERFREI
ENTLANG WANDELN.
TIEFER
UND
TIEFER
VERSINKST DU
IM BODEN DEINER
PLATT UND GLATT
GEWALZTEN PFADE
UND BEMERKST
NICHT MAL,
DASS AUS IHNEN
LÄNGST
GRÄBEN WURDEN.

ES IST KEIN WUNDER,
DASS DIE LUFT
DA UNTEN KALT
UND DICKER WIRD.
DU LÄUFST EINFACH
LANGSAMER UND
STRENGST DICH NICHT
MEHR SO AN.
DIE WEGE SIND
JA FEIN
VORGEGEBEN
UND GEHEN IMMER
WEITER
UND
WEITER
UND LAUFEN SICH
AUCH OHNE DENKEN
UND OHNE FÜHLEN
UND OHNE WÄRME
UND OHNE LIEBE
UND PLÖTZLICH
...
IST DAS GLÜCK
VERSCHWUNDEN.

EINFACH ATMEN.
KANNST DU
DAS NOCH?
LUFT DURCH
DEINE LUNGEN
STRÖMEN LASSEN
UND DICH
MIT SAUERSTOFF
BEREICHERN?
ANLAUF NEHMEN
UND ABHEBEN,
DEINE STEIF GEWORDENEN
SCHWINGEN AUSBREITEN
UND DURCH DIE
LÜFTE GLEITEN?
DEINE PERSPEKTIVE
ÄNDERN UND
ANDERE WELTEN
ENTDECKEN?
NEUE ODER ALTE
NEU ERFORSCHEN?
LUFT UND LIEBE
ATMEN?
EIN
UND
AUS?
KANNST DU
DAS NOCH?

ES WÄRE EIN WUNDER.

UND EIN GROSSES GLÜCK.

Vom großen kleinen Glück

... die Tür vor uns war verschlossen,
doch sahen wir, was hinter ihr lag.
Die Welt um uns herum verschwand,
geblendet vom Licht,
das eigentlich nur ein Funke war,
abgeknapst vom großen Ganzen,
ein kleiner Splitter großes Glück ...

2 Atem
Los

wenn
die
freiheit
der
raum
ist

und
wir
sind
die
luft

wie
halten
wir
das
aus

wenn
uns
jemand
atmen
möchte?

3 **BedingungsLos**

Was
an
diesem
Konstrukt

Bedingungslose
Liebe

ist
bedingungslos,
wenn
Liebe
selbst
Bedingung
ist
?

EndLos

Ja, wir wollten
dort nie enden.
In der Hölle
der verlorenen Liebenden.

Dort suchten wir uns nicht,
dort fanden wir uns nicht.

Doch eines Tages
werden wir uns
dort wiedersehen.

EntscheidungsLos

Das erste Mal,
als ich dich sah,
flüsterte mein Herz:

Das ist derjenige ...
der mich
eines Tages
töten wird.

Ich wählte dich ...
trotzdem.

Oder
deshalb.

Existenz
Los

Ich bin meine Erde, meine Saat.
Ich bin meine Knospe, meine Blume
und mein Garten.
Ich bin mein Morgentau auf meinen
Blütenblättern und ich bin meine Hand,
die mich von meiner Wiese pflückt.
Ich bin mein Gefäß, in dem mein Stängel
mein Wasser meines Lebens einsaugt.
Ich bin mein süßer Duft,
den ich in meinem Raum verbreite.
Ich bin mein erstes welkes Blatt und alle,
die mir folgen werden.
Ich bin meine Seiten,
zwischen welche ich mich bette
und mich trocken presse.
Ich bin meine Feuchtigkeit,
die all mein Leben von mir nimmt ...
Ich bin die Erinnerung,
die dir keiner nehmen kann,
die dir entgegenfällt,
wenn du eines Tages
die Seiten deines Buchs durchblätterst.
Ich bin. Für dich.
VergissMeinNicht.

FensterLos

Nicht jedes Haus
hat Fenster.
Nicht überall,
wo Fenster sind,
ist auch ein Haus.
Selbst wenn ...
schauen wir
hinein
oder
hinaus?

8 FragLos

Wir fragen, fragen, fragen, fragen ...
uns – mit dem Kopf durch die Wand.

Wir sehen, hören, riechen, schmecken,
tasten nach dem Leben und der Liebe.
Wir klopfen, hämmern, bohren, wühlen
in Blut, Gekröse, Knochen, Eingeweiden.

Wir suchen, finden,
verlieren, finden wieder,
verstehen alles, aber nichts.
Wir gehen
auf unerforschtem Land spazieren,
blind, taub, stumm, erbarmungslos.

Wir wachen, ermüden, schlafen, sterben,
lassen den Lauf der Welt passieren.
Wir essen, trinken, ficken, scheißen,
tun das, was getan werden muss.

Wir atmen ein,
wir atmen aus,
wir existieren,
wir sind.

Wir werden gewesen sein,
ohne je begriffen zu haben,
was auf der anderen Seite
der Herzscheidewand verborgen lag.

Wir fragen, fragen, fragen, fragen …
uns – niemals genug.

FruchtLos

Alles,
was wir tun,
wird Früchte tragen.
Und alles,
was wir nicht tun,
auch.
Selbst die Saat,
die wir nicht säen,
wird eines Tages aufgehen.
Früher oder später
werden wir ernten.
Alles.

Oder Nichts.

10 Glück[s]Los

Vielleicht ist das Glück,
das immer nur Hoffnung bleibt,
aber nie Wahrheit wird,
das größere Glück
als das Glück, das sich erfüllt
und doch in Vergessenheit gerät,
wenn es vergangen ist?

GrundLos

Nichts
wächst
ohne
Grund
zusammen
und
nichts
ist
untrennbarer
als
etwas,
das
durch
Nichts
zusammenwuchs.

Ein fragender Geist

der weiß
was es heißt
ständig zu wandern
von einem zum andern
im Trüben zu fischen
und nichts zu fangen
im Wind zu stehen
und nicht zu erfrischen
sich ums Leben
bemühen
um daran
zu verglühen
immer zu rennen
zu rennen
zu rennen
bis alle Sicherungen
durchbrennen
dann doch lieber
im Gedankenfieber
zu warten und schweigen
verharrt im inneren Leiden ...
es ist
was es ist
es war
was es bleibt
ein unruhiger Geist
der gar nichts weiß
und alles zugleich

HalterLos

Ich war auf dem Weg in die WunderBar,
als ich einen alten Kumpel wiedertraf,
der auf der Durchreise war. Wie ich.
Er begleitete mich ein Stück des Weges
und wir unterhielten uns darüber,
wie unsere Leben so verlaufen waren.
Seins wohl nicht so gut, er hatte einige
schwere Erkrankungen überstehen müssen
und mit seinem Kopf war irgendetwas nicht
in Ordnung. Bei der WunderBar
angekommen wollte er nicht mit hinein,
das wäre nicht so seins. Auch gut.
In der WunderBar war der Name
Programm und ich freute mich,
ein bisschen Zeit dort zu verbringen.
Ich gab meine Bestellung auf und reichte
dem Barkeeper meinen GutSchein.
Betroffen starrte er mich an.
Der ist nicht mehr gültig, murmelte er
und es hörte sich so an, als entschuldige er
sich bei mir. *Der ist abgelaufen.*

Wie abgelaufen?, fragte ich verdattert
und nahm ihm den Wisch aus den Händen.
Ich suchte die Stelle mit der Gültigkeitsdauer,
fand sie und las ihm laut vor: *In guten wie in
schlechten Zeiten, bis dass der Tod uns
scheidet! So! Und jetzt kommst du!*
Der Barkeeper schüttelte mit trauriger Miene
den Kopf: *Nee, du. Du bist echt nicht die
Erste, die mit so was hier ankommt, aber
dein großes Los ist leider nur ein WertLos.
Und die sind heutzutage eben ... ohne
MehrWert ...*
*Na ja, einfach ... weißt schon ... ist halt kein
DauerLos.* Während er seine letzten Worte
sprach, klopfte er mir freundschaftlich
auf die Schulter. HerzLos verließ ich die Bar
und traf wieder auf meinen alten Kumpel.
Er sagte, er hätte sich gedacht, dass ich nicht
lange in der WunderBar bleiben würde
und hatte auf mich gewartet.
Er reichte mir ein TrostLos
und lud mich auf einen Drink
in die AustauschBar ein.
Hier sind wir richtig, sagte er, *wir alle*,
und bestellte uns ein Herrengedeck.
Er hatte recht behalten.

Es wurde ein aufschlussreicher Abend
mit erkenntnisreichen Gesprächen.
Wir verbrannten den GutSchein
und rauchten die Asche zusammen
mit etwas Bullshit.
Ich fühlte mich völlig losgelöst.
HalterLos steht dir aber gut, sagte er
plötzlich trocken, *lass das mal so*,
und dann lachten wir Tränen,
die ich dann immerhin
nicht mehr weinen müsste.
Wir verließen die AustauschBar
bei Sonnenaufgang und tranken
noch einen Absacker in der KostBar.
Er begleitete mich zum Bahnhof
und spendierte mir
ein HoffnungsLos für den Rückzug.
Wir winkten uns zum Abschied,
bis wir uns nicht mehr sehen konnten.
Ich wusste nicht, wann und wo
ich ihn wiedersehen würde,
aber es war einer
der schönsten Abende
meines Lebens.
Ganz wunderbar.

Ich habe
nicht Nein gesagt

Ich habe nicht Nein gesagt,
deshalb verstand JEMAND
Ja.

Ich sagte, es ist nichts,
deshalb weiß NIEMAND,
was war.

Ich habe NICHTS gefordert
und das war,
was ich bekam.

13 HerzLos

Wenn wir EIN Herz wären ...

Wenn ich verblassen
würde,
wärst du es,
der mir Farbe gibt.
Deine Farbe wäre
ein wunderschönes
Dunkelrot.
Meine dagegen wäre
ein undefinierbares
Graubunt,
übersät mit
hektisch roten
Flecken,
die leicht lila
schimmern würden.
Aber vermischt ...
ergäben wir ein
kraftvolles Blutrot.

Wenn ich verstummen
würde,
wärst du laut.
Der Schlag
deines Herzens
würde meinem
lauschen und
die stillen
Bruchteilsekunden
mit einem Donnerhall
durchbrechen.
Aber zusammen ...
ergäben wir eine
Melodie,
die Musik
in unseren
Ohren wäre und uns
tanzen lassen würde.

Gemeinsam wären wir
EIN warmes, wildes Herz.
Wenn ... wir EIN Herz wären.

Doch wir sind Menschen.
ZWEI Herzen.
Warm und wild.

HoffnungsLos

Hoffnung ist …
ganz einfach.

Manchmal hilft ein weiter Blick
in die Ferne und die Tiefe,
um die Hoffnung nicht aufzugeben.
Und dann ist es
vielleicht nicht zu spät dafür,
Hoffnung durch
und in sich selbst
zu finden,
selbst wenn man dabei
im Trüben fischt.

Hoffnung ist …
ganz einfach.

Wie die Liebe.

Manchmal nicht mehr
als pure Verzweiflung.

15 **Kampf**
Los

Die Welt ist immer noch da.
Mit all ihrer hässlichen Schönheit
erwartet sie uns
in ihrer halbherzig
geschmückten Arena
und lässt den Tag
in unsere Hände sickern.
Wer Kämpfer ist,
wer Zuschauer,
hat sie noch nicht entschieden.
Doch wie immer
am Ende des Tages
wird es Sieger und Verlierer geben.
Auch ohne Kampf.

LiebLos

Die
Liebe
hat
mir
einen
Brief
geschrieben.

Sie wollte wissen, wo ich bin
und warum ich vor ihr davongelaufen
sei. Ich schrieb zurück:

Liebe Liebe, stell dich nicht dumm
und melde dich erst wieder,
wenn du alle deine Masken
fallen gelassen hast.

Die
Liebe
hat
mir
nie
wieder
einen
Brief
geschrieben.

17 Los Lassen

HILFT

UM

ZU

ERFAHREN

OB

MAN

FESTGEHALTEN

WIRD

ODER

FÄLLT

FÄLLT

FÄLLT

FÄLLT

FÄLLT

FÄLLT

FÄLLT

FÄLLT

FÄLLT

FÄLLT

FÄLLT

FÄLLT

FÄLLT

Nebel
Los

Frag nicht,
was der Nebel will.
Niemand weiß es,
nur die Silhouetten,
die diffus
durch die Nebelwände
deiner Sinne schimmern.
Vielleicht verschwinden sie,
damit ihre Abwesenheit
dich an ihre Existenz erinnert.
Möglicherweise musst du
deine Augen zusammenpetzen,
um sie wiedersehen zu können.
Fokussieren, was wichtig ist.
Ausblenden, was nichtig ist.
Frag dich,
wie du
den letzten Tag
deines Lebens
verbringen willst.
Dann weißt du,
was der Nebel will.

{}_{19} Phantasie
Los

WÄRE LIEBE EIN WORT
WÄRE SIE PHANTASIE

WÄREN WIR EIN WORT
WÄREN WIR VERLANGEN

WIR WÜRDEN
VON DER
PHANTASIE
NICHT VIEL
VERLANGEN

NUR DASS SIE IST
UND ZUGIBT
NICHTS ZU SEIN
ALS VERLANGEN
NACH LIEBE

[Problem Los]

Das Problem mit Sätzen, die mit
Das Problem ist anfangen, ist,
dass sie schon problematisch
beginnen. Das Problem mit der Liebe
ist, dass wir sie nicht mehr suchen
(müssen), sobald wir (glauben)
sie gefunden (zu) haben.
Dann klammern wir uns
an ihre Existenz oder
klammern sie aus, weil
(wir glauben) sie existiert (ohnehin).
Das Problem mit Einschüben von
Worten (in Klammern) ist,
dass wir doppelt lesen müss(t)en,
um die (volle) Bedeutung (der
Aussagen in Klammern) im Einzelnen
und (vor allem) im Gesamten
zu begreifen. Doppelt so lange dauert
es auch (manchmal), um die Liebe
(wieder) loszuwerden.
Das ist das Problem
(mit Klammern).

**Regen
Los**

Hinter dem Regen
liegt die Stadt.
Die Stadt,
in der wir
unseren Träumen
hinterherjagen könnten.
Dieselbe Stadt,
in der wir unsere
Hoffnungen
vielleicht einmal
begraben würden.
Wir werden es nie erfahren,
denn wir gehen nicht
in die Stadt.
Wir schauen ihr nur zu.
Wir suchen nichts.
Wir finden nichts.
Wir jagen nichts.
Wir begraben nichts.
Wir hoffen und träumen nur
von der Stadt,
die hinter dem Regen liegt.

Schmerz
Los

Er war so bedeutungslos,
dass er noch nicht mal einen Schatten warf.
Er grub sich nicht in die Tiefen
unserer Gedächtnisse wie ein Trauma,
doch er war allgegenwärtig.
Wir liefen vor ihm davon,
nur gab es keinen Ort,
an dem er nicht schon vor uns da war.
Gelangweilt anmutend wartete er auf uns,
nahm uns, fast väterlich tröstend,
in seine Arme – ein kurzer Moment
des Friedens und der Geborgenheit,
wie dieses Gefühl, einen alten Freund nach
langer Zeit wiederzusehen,
und festzustellen, dass sich nichts
an der Zuneigung geändert hatte –
nur um uns im nächsten Moment
zu erdrücken, unsere Eingeweide
aus uns herauszuquetschen,
uns auf links zu drehen
und mit unserem eigenen Gekröse
zu erdrosseln.
Der Schmerz sitzt im Herz, pflegte er
zu murmeln, während er uns auswrang,

und wir,
für einen viel zu kurzen Moment,
begriffen, dass er von sich selbst sprach.

Wir erkannten ihn und schworen,
dass wir uns beim nächsten Mal
an ihn erinnern würden, ganz bestimmt.
Aber wir hatten den Anfang der Erkenntnis
längst vergessen,
als wir zu ihrem Ende kamen.
Wir können jetzt nur davon berichten,
weil er es uns erzählte, bevor er im Schatten
seiner Bedeutungslosigkeit verschwand,
wo wir ihn bereits,
absurd sehnsüchtig,
erwarteten.
Seufzend, wie ein alt gewordener Freund,
nahm er seinem angestammten Platz ein,
neigte sich uns müde lächelnd zu
und wurde so allgegenwärtig,
wie er nie aufgehört hatte zu sein ...

23 Sonnen
Los

Von all den Sonnen
war uns nur die eine geblieben.
Wir genossen jeden einzelnen
ihrer süßen, wärmenden Strahlen
und verdrängten den Gedanken
an den Tag, an dem wir auch sie
nicht mehr sehen würden.
Bis dahin gab es noch
so viel zu erleben.

**Taten
Los**

Ein tiefer, langer Fall.
Ein dumpfer Schlag.
Auf den Boden,
der unter den Füßen
weggezogen wurde.
Das klingt unmöglich,
doch es geht.

Es geht,
wenn TatSachen in Stein gemeißelt
zum TatWerkzeug geworden sind.

Es geht,
wenn das Fliegen nicht mehr
als ein simulierter Traum gewesen ist.

Es geht,
wenn man tatenlos zuschaut,
wie aus NichtsTun AllesZerstören wird.

Es geht, wenn einer
von zwei Flügeln
nicht mehr schlägt.

25 Traum
Los

Es hat lange gedauert, zu begreifen,
dass wir nicht auf der Jagd sind,
sondern auf der Flucht.
Alle jagen ihren Träumen hinterher,
wir laufen vor ihnen davon.
Sie sind zu schön, um wahr zu sein.
Sie duften herrlich, sie sind warm
und weich und ... unendlich.
Wir dachten, wir könnten
die Regeln brechen,
wenn wir sie wahr werden lassen.
Aber wir haben die Rechnung
ohne das Leben gemacht,
ohne die Menschen,
die gar nicht mehr
von ihren Träumen wollen,
als sie zu träumen.

Aus der Traum.

VerWahrLosung

Oh yes, I'm the great pretender.
Pretending that I'm doing well,
trällerte der Morgen uns ins Ohr.
Aber er tat es jeden Tag
und irgendwann
glaubten wir ihm
nicht mehr.

Erst als wir längst
nicht mehr das Eine
von dem Anderen
unterscheiden konnten,
verstanden wir,
ohne es zu bemerken:

Er sprach
die Wahrheit,
als er sagte,
dass er lüge.

WahlLos

Die Sonne schien in den Abgrund
und verbrannte uns. Also stiegen wir
hinauf und knipsten sie aus,
stopften sie zurück, in diese Büchse
der Pandora, die eigentlich die Truhe
des Bullshits war.
Dort drin lagerten bereits die Ärsche
derjenigen, die ebenjenen nicht
in der Hose hatten. Übrigens direkt neben
der Futt, die uns einer mal auf die Backe
malen wollte. Nicht zu vergessen
die unzähligen gespaltenen Zungen,
die selbst in dieser übelriechenden Kiste
noch ihre feine Doppelmoral predigten
und sich sehr gut
mit den Meineidigen verstanden.
Heute Nacht werden wir diese Truhe
verbrennen – im Fegefeuer
der Scheinheiligkeiten mit all den Geistern,
die wir riefen und den Dämonen,
die wir weckten. Der Teufel ist der
Ehrengast und zusammen feiern wir
ein rauschendes Fest. Über dem Feuer
braten wir die weißen Kaninchen,
damit ihnen keiner mehr folgen kann.

Garniert wird das Festmahl mit treulosen
Tomaten und den Karotten, die uns ständig
jemand vor die Nase hält und die wir doch
nie erreichen sollen. Dann tanzen wir auf der
verbrannten Erde und ficken, bis das Blut
aus unseren Leibern strömt. Erschöpft,
aber zutiefst befriedigt, schaufeln wir uns
ein hübsches Grab und legen es aus
mit dem grünem Gras von der anderen Seite
des Lebensflusses, wo noch immer Sonne
aus den Ärschen der guten Seelen scheint.
Morgen werden wir sie vielleicht erschlagen
und Menschenauflauf kochen
für die Vorratskammer der lebenden Toten.
Heißen Brei, um den sie alle reden können.
Doch jetzt müssen wir noch graben
und immer weiter wühlen, bis all der Dreck
zum Vorschein kommt und plötzlich
ist aus dem Grab ein tiefer,
gieriger Schlund geworden.
Wir gleiten hinein wie ein harter, pulsierender
Schwanz durch willige, zärtliche Lippen.
Dort lassen wir uns nieder,
gemeinsam mit dieser Moral
und all den Dingen,
die sie uns unterjubeln wollen.

Wir nennen sie Hangarounds, obwohl wir
wissen, dass sie doch nur Nomaden sind.
Wir möchten ihnen wehtun, möchten sie
aufknüpfen an den Haken, an denen wir
einst hingen. Sie sind Heuchler auf eine
absurd ehrliche Weise. Sie glauben, was sie
heute sagen, doch *morgen*
ist damit nicht gemeint. Aber wir haben
längst unsere Waffen gestreckt,
nachdem sie uns
mit ihnen geschlagen haben.
Wir haben nur noch unsere Worte,
gut versteckt in unseren Eingeweiden.
Irgendwann müssen wir eingeschlafen sein
und als wir aufwachen,
sind alle verschwunden. Sonne strahlt
in den Abgrund und blendet uns.
Wir blinzeln nach oben und fragen uns,
aus welchem Arsch sie diesmal scheint.
Bald wird sie uns wieder verbrennen.
Also steigen wir hinauf und ...
finden einen Gruß des Teufels vor:
eine feine, neue Truhe. In ihr ein Zettel
auf dem nur vier Worte geschrieben stehen:
IHR HATTET DIE WAHL!
Ein weißes Kaninchen hoppelt seufzend
über die verbrannte Erde.

Wert
Los

Nichts ist wertvoller
als ein Moment, der
– wie einst ein alter Baum
im Ackerkrum –
tief im Menschen
Wurzeln schlägt.

Willen
Los

du hast alles
was du willst

du kannst fliegen
wenn du willst

du kannst sein
wann
und
wo
du willst

ich lasse dich los
wenn du es willst

ich halte an dir fest
weil ich es will

Wolken
Los

Was wären wir ohne Wolken?

Wir bräuchten niemand,
der sie für uns verschiebt
und hätten gleichzeitig nichts,
auf dem wir schweben könnten.

Unsere Augen fänden keinen Halt,
wenn wir in den Himmel schauen
und uns erinnern, dass wir,
auch meilenweit voneinander entfernt,
den gleichen Himmel sehen.

Ohne Wolken würden wir uns allein
vielleicht ein bisschen einsam fühlen.
Alles wäre zu blau oder zu grau,
zu glatt und zu kalt.

Erst mit den Wolken
ergibt der Horizont
einen Sinn.

31 Wort
Los

Worte sind ...
was Liebe ist.

Liebe ist ...
niemals das,
was Worte sind.

Wurzel
Los

Stell dir vor, du wärst der Baum
und stell dir vor, dich würde jemand fällen.
Was würde
aus den beiden Teilen
von dir werden?

Stell dir vor, du wärst der Wald
und stell dir vor, es würden Menschen
durch dich wandern.
Wo wärst du,
wenn ihr Spaziergang
beendet ist?

Stell dir vor, du wärst die Lichtung
und stell dir vor, das wäre alles,
was du jemals bist.
Würdest du dort
Wurzeln schlagen?

33 Zeit
Los

AUCH
WENN
DIE
LIEBE
ENDLOS
UND
UNSTERBLICH
SCHEINT

LIEBEN
MUSST
DU
JETZT

Aus
Leben

Austoben.

Ausleben.

Es gibt keinen Halt.

Es gibt kein Rot.

Rot.

Rot.

Rot.

Wenn wir leben,

sind wir nicht tot.

Rot.

Rot.

Rot.

Ausleben.

Ausbluten.

Es gibt keinen Halt.

Wir leben den Tod.

GEHZEITEN

IN DIESEN ZEITEN
IST ES AN DER ZEIT
MIT DER ZEIT ZU GEHEN
WENN MAN WÜSSTE
WELCHE ZEIT ES IST
WO OBEN UND
WO UNTEN IST
WANN UND WO ES IST

IN DIESEN GEHZEITEN

Alles zu deinerZeit

Sie ist die,
die auf dich wartet,
bis sie schwarz geworden ist.

*Und wenn sie schwarz und dunkel
wie die Nacht geworden ist,
wird sie dich suchen.
Sie ist dann nicht mehr die,
die einem weißen Kaninchen
mit einer Taschenuhr folgte.
Stattdessen wird sie deiner Fährte folgen,
die alle deine Schwächen
ihr hinterlassen haben.
Deine Stärken hat sie
sich längst einverleibt,
denn sie hatte genügend Zeit dazu.*

Sie ist der Gedanke,
den du nicht loslassen kannst
und all die Worte, die dir fehlen.
Sie ist die Stimme in deinem Kopf,
die außer dir niemand hören kann.

Sie ist der Schlaf,
der sich nicht einstellen will
und der Schmerz,
der dich in den Wahnsinn treibt.
Sie ist das Unglück, das dich
in deinen Grundfesten erschüttert.
Sie ist die Geister, die du riefst.
Hörst du?
Nicht der eine,
nicht der andere.
Sie ist sie alle.

Sie ist die ersterbende Leidenschaft
deiner Liebsten für dich
und sie ist die Ignoranz,
die dir begegnet.

Sie ist der diffuse Schatten,
den du aus dem Augenwinkel
wahrzunehmen scheinst.
Sie ist die kalte Hand
auf deiner Schulter,
die deine heimlichen Ängste
dir suggerieren.

Sie ist alle
verpassten Gelegenheiten
und die Zeit,
die dir davonläuft.
Sie ist das Lachen,
das dir vergeht.

Am Ende ist sie die,
die dein Herz zermalmt
und dein Hirn zertrümmert.

Vor allem aber ist sie die,
die Zeit hat.

Und sie wartet,
bis du schwarz geworden bist.

Eines schönen Tages

Eines Tages
wird es uns
nicht mehr weh tun.
Irgendwann
bemerken wir,
dass der Schmerz
uns nicht getötet hat.
Das hellrote Blut
wird schwarz geworden sein,
bevor wir uns
daran gewöhnen konnten.
Es ist einfach keine Zeit
zum Sterben
und das Leben
mit dem Schmerz
wird dennoch Leben sein.
Eines schönen letzten Tages.

GlücksZeit

Wir sollten viel mehr Zeit mit
GLÜCKLICH SEIN
verbringen.

Wenn es irgendwie geht
oder kommt.
GLÜCKLICH.

Dann sollten wir das tun,
dann dürfen wir das
SEIN.

Dein eitel Sonnenschein

Deine Welt, so wunderschön,
alles eitel Sonnenschein,
du spiegelst dich in ihrem Sein.
Aber durch deine Seele
frisst sich ein Riss,
offenbart deine innere Finsternis.
Im Spiegel siehst du
deinen größten Feind,
erneut beginnt dein Leiden.
Du fällst aus dir hinaus
und flehst dich an,
bitte endlich zu schweigen.
Doch dein Spiegel-Ich
hört nicht auf dich,
es lacht dich hämisch aus.
»Nein, nein, nein«,
beginnt es einen Abzählreim,
»... und du bist leider raus!«
Ihr wechselt die Seiten,
doch alles bleibt, wie es ist,
im Spiegel findest du keine Ruh'.
Dein Leben geht weiter,
dein hässliches Ich,
auch das, mein Herz,
auch das bist du.

Herrschaftszeiten

Ja, es gibt dieses Universum.
Unsere Heimat, unseren inneren Planet,
unser Reich, in dem alleine wir
das Sagen habe.
Mit einem eigenen Mond zum Anheulen.
Es sind sogar mehrere Monde.
Sieben. Für jeden Wochentag einen.
Trotzdem gibt es nur Flut. Niemals Ebbe.
Wir wühlen uns auf wie das tosende Meer,
spülen uns an, branden und schlagen
über uns zusammen. Die Sterne formieren
sich wann und wo wir es ihnen sagen
und wenn sie uns zu albern sind, ja,
das sind sie hin und wieder,
dann lachen wir mit ihnen
oder knipsen sie einfach aus.
Und natürlich gibt es auch Sonne.
Jedoch: eine einzige nur. Wie die Liebe.
Wir versuchen schon lange,
gefühlte abertausend Jahre,
diese brodelnde Kreatur loszuwerden.
Wir bombardieren sie mit Wolken,
strafen sie mit Ignoranz
und lassen es tagelang regnen,
stürmen oder schneien.

Doch sie geht immer wieder auf.
Und dann strahlt sie uns an,
lacht uns bisweilen aus
und ... wärmt.

Und wir können ihr
nicht widerstehen.
Oder sie verbrennt uns.
Wie die Liebe.

Und dann merken wir, dass wir eben doch
nicht Herr unserer Sinne sind.

Honigtopf
Tag

Eines Tages,
wenn alles
gut gegangen ist,
dann greifen wir
in den Honigtopf,
in dem sich einst unsere Sünden
in korreliertes Blut verwandelten.
Mit vollen Händen greifen wir ab,
was wir bekommen können,
hellrot und pulsierend
oder sonnengelb
und klebrig süß.
Eines Tages,
wenn alles
gut gegangen ist,
ist alles gut geworden.

It's now or never

Irgendwann sind alle Tage ausgezählt
und du verstehst die Endlichkeit:
es ist völlig gleich, wie viele heiße Sommer
du gezählt hast oder wie viele kalte Winter.
Noch im Jenseits werden die Klagen
deiner Liebsten nachhallen:
Ruhe in Frieden.
Doch deine Seele wird sich schütteln
und winden unter der Erkenntnis,
dass dein Frieden nur im vergangenen Leben
zu finden gewesen wäre.
Nun ist es längst zu spät für Korrekturen
und du begreifst:
Erfüllung ist nicht nachholbar.
It's now or never.
Am Ende deines Lebens
gibt es keinen Bonustrack.

40 Jetzt
oder
nie

Was wir jetzt tun,
liegt nicht mehr vor uns.

Was wir jetzt nicht tun,
geht niemals vorbei.

Längste Nacht des Tages

Eines Tages werde ich Frieden
mit dir schließen,
flüsterte der Dämon am Ende
der Nacht in mein Ohr.
Sein kalter Atem umzüngelte
meinen Hals wie eine Schlinge.
Der Morgen graute.

Manche unserer Tage begannen
wie das Ende anderer Tage
und endeten mit einem Neubeginn.
Manche Nächte wurden dann zum Tag
und der Mond zur Sonne und der Tag,
der eigentlich die Nacht gewesen wäre,
fühlte sich an, als würde er vielleicht
der erste unserer letzten Tage gewesen sein.

Solange du nicht aufhörst,
mich in meinen Träumen heimzusuchen,
werden wir weiter miteinander tanzen.
Wieder und wieder, Nacht um Nacht,
solange DU MICH *rufst*, zischte er,
bevor er von dannen zog und, wie ich, rätselte,
ob es nicht bereits schon wieder dämmerte.

42 Moment
Aufnahme

Jede Sekunde mit dir ist ein Moment.

Eine Sekunde ist ...
der 60. Teil einer Minute.

Eine Minute ist ...
der 60. Teil einer Stunde.

Eine Stunde ist ...
der 24. Teil eines Tages.

Ein Tag ist ...
voller Momente.

Ein Moment mit dir ist ...
so wertvoll.

Morgen
Dämmerung

Wir lagen vor uns
wie ein früher Wintermorgen.
Nüchtern und kalt. Wir tanzten.
Jeder für sich und doch gemeinsam.

Keiner weiß, wer wen dazu aufgefordert hatte.
Wir wurden zum Tag und begannen,
uns Struktur zu geben,
indem wir uns verwilderten.
Jetzt sind wir angebrochen
wie eine Sommernacht.
Und tanzen noch immer.
Berauscht und warm und kunterbunt.
Unsere Lippen suchen sich nicht
und finden sich doch.
Wir küssen uns ungestüm und vergessen,
uns zu erinnern, uns zu vergessen.
Jeder für sich und doch gemeinsam.
Bis wir uns eine andere Wildheit offenbaren
und sie uns wie Reißzähne erbarmungslos ins
Fleisch hauen.
Keiner weiß, wer damit angefangen hat,
zu ignorieren, dass mancher Reißzahn
zum Widerhaken werden kann.

Wir streifen uns die Haut vom Körper
und wälzen uns in Blut und Eingeweiden.
Knochen schlagen aneinander
und geben den Takt unserer Schläge vor,
während der Kosmos unserer Leben
beinahe in den Abgrund stürzt.
Den seidenen Faden,
an dem wir hängen,
würde dennoch keiner von uns
jemals durchtrennen.
Wir retten zuerst uns
und dann unsere Welten.
    Jeder für sich und doch gemeinsam.
Immer wieder im Tag geheilt
und neu verwundet in der Nacht
zeigen wir mit dem Finger auf uns.
Einer muss doch die Schuld
an diesem Kreislauf tragen.

Wir nehmen nicht wahr, dass dabei
drei Finger auf uns selbst zurückweisen.
Wir wollten uns doch nur unsere Narben
zeigen, damit wir endlich, endlich
unser Schicksal begreifen.
Doch das Zerfleischen
hat uns mürbe gemacht.

Kapitulierend fallen wir wie Herbstblätter
von einem Baum.
Wir bohren uns die Finger
in die Augenhöhlen, weil wir das Sehen
nicht mehr ertragen.
Wie Tag und Nacht verschmolzen
erblinden wir.
 Jeder für sich und doch gemeinsam.
Nichts sehend werden wir wieder sanft.
Unsere geschärften Sinne vertreiben nach
und nach die Dunkelheit.
Riechend, schmeckend, streichelnd,
uns spürend und begehrend erinnernd
verwandeln wir uns
in einen anbrechenden Frühlingsmorgen.
Es dämmert uns, dass es viel zu früh
zu spät geworden ist, um jemals zu vergessen.

Wir tanzen wieder.
Wir stolpern über
die in uns geschlagenen Wurzeln.
Wir tanzen weiter. Auch morgen noch.
Wir werden immer tanzen.
 Jeder für sich und doch gemeinsam.
Und keiner weiß,
wer wen dazu aufgefordert hat.

Zwischen Wahn
und Wirklichkeit

... verschorfte Schrunden
die selbst nie gesunden
bekunden neue Wunden
zwischen Wahn und
irgendeiner Wirklichkeit
zum Fallen bereit
in noch nicht erkundete
schaurigschöne Abgründe
bereit zur Erfüllung
erfüllt vom Fallen
hört man das Knallen ...

nicht

... durch Flucht gerettet
graziös gebettet
auf nässenden Schrunden
und entzündeten Wunden
für immer verbunden
in Trauer verweilt
in Träumen geheilt
in Wahrheit nie gewesen
nur den Zähler abgelesen
Tag zu Tag
Jahr über Jahr
gefühlt und sinniert ...

Morgen Grauen

Vergehe, mein Liebling, vergehe.
Vom Halbdunkel ins Morgengrauen.
Wenn deine Gedanken wandern,
weil nichts anderes zu tun ist,
wenn sie wandern, so wie sie es immer tun,
dann, mein Liebling, ist es Nacht.
Du begreifst das Existieren nicht
und wünschst dir nur, es geht vorbei.
Umwege gekonnt umgangen,
schreitest du in das ungeschriebene Buch
hinein, das ich dir hinterlistig reiche.
Du huldigst mir, denn ich bin
dein heiliger Erlöser, so stelle ich mich vor.
Und weil ich sage, was du siehst,
muss es doch die Wahrheit sein.
Meine Gestalt verkennend,
versündigst du dich an mir und dir zugleich.
Nur dieses eine Werk im Sinn,
entreißt du es mir, kaum dass du es erblickst.
Ebendortselbst spielst du nun auf,
schlägst eine Seite nach der anderen um,
die du mit ausuferndem Nichts beschreibst.
Inbrünstig spielst du die Rolle
der Gezeichneten,
als ob es um dein Leben ginge,

das indessen haltlos nur verstreicht.
Du schüttelst äußerlich die Kälte ab
und versäumst, dass deine Seele mit
abgelegter Weisheit nicht
vom alten Eis befreit wird.
Wenn alle Blicke auf dir richten,
gibst du vor, sie nicht zu sehen,
unterdessen innerlich
dein Lebens-Ja krepiert.
Wenn du nicht hörst, was sie dir sagen,
spürst du allein ihre Gedanken,
die selbst nichts wagen und unverhohlen
alles von dir abverlangen. Sei unbesorgt,
ich bin ganz nah bei dir, ich war es immer
und schlage schon bald
deine letzte Seite auf.
Tragikomisch lass ich dich zu Ende gehen.
Der Epilog wird alles ordnen, glaube mir.
Wenn der Tag anbricht und du dich still
in liebgewonnener Sicherheit suhlst,
verrate ich dich und dir, dass sie dich trügt
und schon allzeit deinen Geist belog.
Ich gestehe dir, dass ich, in bitterer
Leidenschaft watend, dein inneres Auge
vernichtet habe. Es spielt keine Rolle mehr
in deinem Leben, solange es tot ist.

Offenbaren werde ich mich dir
und hämisch beichten, dass ich es war,
dein Dogma mit Lust und Liebe schändend.
Nun lausche auf das trunkene Grölen
in der Ferne und sei gewiss,
längst haben sie Witterung aufgenommen
und pirschen sich heran.
Aus deinen dunklen Tiefen kommen sie
heraufgekrochen und zeigen sich dir
in all ihrer Pracht. Schau hin und weg:
Die schönen Dämonen, sie fordern dich
zum Tanzen auf! Und wie sie funkeln
in deinem trüben Blick, so zauberhaft.
Geduldig verweilen sie an deiner Kredenz,
harren sabbernd aus, um zu sehen,
was von Wert du ihnen freiwillig
zu geben gedenkst. Sie geben sich bescheiden,
sie werden dir ohnehin alles nehmen.
Und nichts dafür zurückerwarten.
Gräme dich nicht, wenn einer der Schönen
dir gierig deinen kläglichen Atem raubt.
Die letzte Liebkosung ist heiß und deftig
und wird für dich frisch zubereitet sein.
Trauere nicht um deine Zukunft. Sie verendet
kalt und süß in einem Sarg aus Ebenholz.
Das hättest du doch kommen sehen müssen.
Also weine nicht. Oh, bitte tu das nicht.

Es lag in deiner Macht, doch dessen
ungeachtet, hast du die Befehlsgewalt
so sinn- und zwecklos degradiert.
Nun klage nicht. Du hast sie selbst
zu deiner graviden Hure gemacht.
Dein Flennen ändert auf der letzten Seite
deines Lebens nichts.
Tote Herzen wandeln stets auf Avenuen
mit toten Enden, also vergeude
deine späten Tränen nicht.
Wenn die Plagen dich
von deiner Seele trennen,
wirst du sie brauchen,
um das letzte Feuer auszulöschen.
Nun stirb, mein Liebling, stirb.
Sag kein Wort mehr und schließe
deine wunderschönen Augen.
Wir werden uns wiedersehen, vertraue mir
und reiche mir dein fahles Licht.
Ich wasche meine Hände in der falschen
Unschuld deines Blutes, indes du
in der Dämmerung vergehst
und endlich voller Sehnsucht
meinen wahren Namen rufst.
In der Hölle wirst du rein sein
und mich ewig lieben.
Von Morgengrauen bis Morgengrauen.

Morgen Traum A

Der Morgen,
erschöpft vom Kampf
der Giganten der Nacht,
kriecht zäh in unsere Venen.

Die Nacht,
leergeschöpft und ausgeblutet,
schleicht stumm und feige davon.
Es war der Mond,
der mutig den Schweif
unseres Schicksals
in die Gute Nacht liebkoste.

Zu kurz und zu knapp
für die Erinnerung
am nächsten Morgen.

Zu lange und zu schön
zum Vergessen
für das Leben.

Über sinnlose Weisheiten

warum nur
haben wir
uns so geblendet
unsere Lebenszeit
nicht mehr verschwendet
für mehr als
einen kleinen Rausch
aus purem Glück
für solch ein tragisch
kurzes Stück

ein Drama in zwei Akten
das sind nun mal
die Fakten
einmal Kommen
einmal Gehen
niemals nie
ein Wiedersehen
nur noch in Gedanken
die sich darum ranken

warum nur
haben wir
aufgehört
als es am schönsten war
?

Nachtblind

Wir sind im Dunklen. Seit vielen Stunden.
Vielleicht auch schon seit Jahren.

Wer weiß das schon?

Wir schleichen umeinander herum wie wilde
Tiere und domestizieren uns. Keiner weiß,
warum wir das tun. Wir wissen nicht,
ob unsere Augen geschlossen sind,
ob sie uns entfernt wurden oder ob wir
sie uns selbst herausgerissen haben.
Vielleicht tragen wir Masken,
aber wir spüren sie nicht.

Das Licht ist verschwunden, untergegangen
wie die Sonne oder niemals da gewesen,
wie der Mond, der noch nicht aufgegangen ist.
Doch es ist völlig gleich. Vielleicht fühlen wir
mehr, wenn wir nichts sehen. Wir streicheln
uns an Stellen, die noch nie von fremder Hand
berührt wurden, und küssen uns länger
an jenen, die andere für bedeutungslos halten.

Jetzt fürchte ich die Dunkelheit nicht mehr,
denn ..., höre ich dich
in meine Seele flüstern.

Denn ich habe nie klarer gesehen,
wenn ich durch sie wandelte,
beende ich den Satz in deinem Geist.

Wie Leuchttürme strahlen wir uns an
und werden unser eigenes Licht
im Dunklen. Seit vielen Stunden.
Vielleicht auch schon seit Jahren.

Wer weiß das schon?

Heute haben wir uns vom Himmel erzählt
und nun werden wir gemeinsam fliegen.

Später wirst du fragen:
Weißt du noch, wann und wo wir uns
begegnet sind?

Ich kann mich nicht erinnern,
werde ich antworten und du wirst flüstern:

Ich weiß es auch nicht.

Denn es ist völlig gleich.
Vielleicht lebten wir das gleiche Leben
aus und kaputt
und vielleicht
erlitten wir sogar
dieselben Höllenqualen.

Wer weiß das schon?

Nun fliegen wir in den Himmel
und knipsen den Engeln das Licht aus.
Im Dunklen können sie keine Schatten
auf uns werfen.

Das wissen wir.

Nacht
Eile

Als die Tage
endlich länger wurden,
dachten wir ...
nun würde alles gut.

Weil Helligkeit
mehr Sicht bedeutet.
Weil Sicht
mehr Klarheit bedeutet.
Weil Klarheit
mehr Wirklichkeit bedeutet
als unsere Träume.

Als die Tage
fast unendlich waren
und heller und klarer
und uns zu viel Wirklichkeit
die Sicht
auf unsere Träume trübte,
wünschten wir uns ...
eilig die Nacht zurück.

Nacht
Fahrt

Folgen Sie dem Wagen, riefen wir dem
Taxifahrer theatralisch zu. Der Taxifahrer
nickte stumm und gab Gas. Weit und breit
war kein Auto zu sehen, doch er spielte
das Spiel mit. Wir haben immer gewusst, dass
wir eines Tages diesen Weg einschlagen
würden. Doch gestern wussten wir noch nicht,
dass es heute sein und wir morgen schon
woanders sein würden. Wo auch immer.
Überall gab es irgendwas zu tun.
Auch für uns. Ganz bestimmt.

Es war die Nacht der Nächte, die Nacht vor
dem nächsten Tag, der ohne Rücksicht
auf Verluste anbrechen würde, egal, wie sehr
wir flehten und bettelten – das Taxameter
läutete den Zahltag ein. Wir klaubten alles
zusammen, was wir hatten. Viel war es nicht,
aber wir zahlten den Preis. Er war hoch,
sehr hoch. Ab sofort würden wir den Zug
nehmen müssen. Nächster Halt:
ein stillgelegter Bahnhof.

49 Nah
Kampf
Nacht

Mit jedem müden Auge,
das geschlossen wird,
erwacht ein Monster der Nacht.

Zwei Augen,
zwei Monster,
ein Kampf.

**Null
Stunde**

... plötzlich ist wieder
eine dieser Nächte
in der die Welt sternenklar
nach Vollmond riecht und schmeckt
während sich kein Schlaf einstellen will
weil Tagträume zur Nullstunde
das Nachtlager der Träumenden
in ein Nagelbrett verwandeln
und jeder Nagel eine Sünde ist
die sich nie süßer jubilierend
in das Fleisch bohren möchte
als in einer dieser Nächte
in der alles sternenklar
nach Vollmond
riecht und schmeckt
während alles vergeht
die Nacht
die Träumenden
die Welt
die Stunde
Null ...

Regen
Zeit

In den Wolken
habe ich dein Gesicht gesehen.
Du lächeltest mich an
und ich lächelte zurück.
Dann habe ich dir gewunken
und gerufen:
Komm doch her!

Dein Wolkenmund
verzog sich betrübt:
Das geht leider nicht.
Ich muss hierbleiben
oder weiterziehen.

Im gleichen Moment
hast du dich aufgelöst.

Nie war ich glücklicher und traurig
zugleich, als es zu regnen begann.

TagEinTagAus

TagEin

TagAus

GehtDieSonneAuf

GehtDieSonneUnter

JahrEinJahrAus

GehtDieSonneAuf

GehtDieSonneUnter

EinLebenLang

EinLebenKurz

TagEin

TagAus

Reifezeit

Wie laut
muss ich
schweigen,
damit du mich
hörst?
Wie lange
muss ich
ertragen,
was dich
stört?
Wie kalt
muss ich
werden,
bis du
erkennst,
an welchem
Feuer
du dich
verbrennst?
Wie lange
musst du
reifen,
um mich zu
begreifen?

Von heute auf morgen

Menschen.
Fallen in dein Leben.
Stolpern hinein.
Nehmen Platz.
Nehmen Raum ein.
Sind einfach da.
Füllen Lücken.
Füllen Leeren.
Füllen dich.
Hinterlassen Lücken.
Hinterlassen Leeren.
Hinterlassen sich.
Manchmal.
Manchmal nicht.
Von einem Augenblick zum nächsten.
Verwandeln sie sich.
Werden widerlich.
Engstirnig.
Abstoßend.
Ihr süßer Duft wird faulig.
Zuneigung verwest.
Es passiert.
Von heute auf morgen.

Menschen.
Verändern sich.
Ihr Duft.
Ihr Wesen.
Ihr Sein.
Hadere nicht.
Erinnere dich
an den Anteil des Menschen,
den du liebtest.
Niemals kann es alles gewesen sein.
Es waren Schnittmengen,
die euch vereinten.
Die Essenz eurer Verbindung.
Denke an die Teile,
die du mochtest,
vielleicht sogar begehrtest.
Verneige dich vor dem,
was war.
Und dann.
Nimm ein Messer.
Mit scharfer Klinge.
Besser heute als morgen.

LIEBESTÖTER

KEIN
MENSCH
GLAUBT
SO
SEHR
AN
DIE
LIEBE
WIE
DER
MENSCH
DER
IHRE
EXISTENZ
IN
FRAGE
STELLT

DER MENSCH
DER DIE LIEBE TÖTET
HAT SIE VERMUTLICH
GEFUNDEN

* am anfang war der weg ins leben * war das ziel und im angesicht des todes war die liebe plötzlich da * mit pauken und trompeten wieder da * nein * als wäre sie nie fort gewesen und die hand, die einst die klinge führte, wurde wieder sanft * es wurde geweint * bereut * gehuldigt * der liebe, die längst abgestorben war * nein * der liebe, die nie da gewesen war * das ziel war der weg * war der tod und dann kam jemand und dachte sich so was wie liebe aus, damit wir das irgendwie verkraften *

* AM ENDE GING ES IMMER NUR UMS FICKEN *

55 Boden
Satz

Abtauchen,
um herauszufinden,
was gesucht werden soll.
Hände ausstrecken,
um zu spüren,
was gefühlt werden soll.

Auftauchen,
um zu riechen,
was den Atem raubt.
Schädel einschlagen,
weil entdeckt, was nie
hätte gefunden werden sollen.

Bodensatz.
Tiefschwarz.

Countdown2Crash

Es ist doch nicht mehr als
ein aneinander Festhalten.
Vielleicht ein Klammern.

Verzweifelt.
Wunderschön.
Bis einer loslässt.

Bis dahin geben und nehmen wir,
schenken uns abwechselnd Böden
und Decken und Wände,
die sich wie eingerissene Mauern anfühlen.
Wir lassen zu, dass ein Stein
nach dem anderem zerschlagen wird
und füllen ihre Lücken mit uns selbst.
Wir dürfen unsere Leben retten
und uns in Gefahr begeben,
die sich aus uns selbst ergibt und nährt.

Es ist doch nicht mehr als
ein Zeitfenster, aus dem man schaut.
Welches man weit öffnet.

Bereitwillig.
Wunderschön.
Bis einer es schließt.

Bis dahin pusten wir uns durch,
werden abwechselnd zu Wirbelwinden
und sanften Brisen. Wir erfrischen uns
und lüften unsere Seelen. Wir lassen zu,
dass sie nach einander greifen
und sich immer wieder zu packen kriegen.
Sie dürfen sich umarmen, verschlingen
und zu einer Melodie tanzen,
die sich aus ihnen selbst ergibt und nährt.

Bis der Sturm sich legt.
Die Musik verstummt.
Und der Vorhang fällt.

Bis dahin
ist noch Zeit.

Einfach
Einfach

Was, wenn du EINFACH nur WEG willst,
aber nicht weißt wohin?

Was, wenn du ohne Flügel fliegst,
auf und davon, und ohne Lunge atmest,
ein und aus?

Was, wenn du ohne Beine läufst,
Schritt um Schritt,
und ohne Hände greifst,
immer nur ins Leere?

Was, wenn du ankommst,
wo du nicht bist, hier und dort,
und dein Herz blutlos pumpt,
Schlag um Schlag, egal, wo du bist,
immer nur für den einen Mensch?

Dann musst du nicht weg,
nicht fliegen, nicht atmen,
nicht laufen, nicht greifen.
Was, wenn du EINFACH nur bleibst,
solange du DA bist?

Fünkchen
Pflug

Es war doch nur ein Fünkchen,
das uns entzündete.

Es war doch nur ein Fünkchen,
das uns zu Lava speienden Vulkanen
machte und Schneisen der Erinnerung
in unsere Lebenslandschaft schlagen ließ.

Es war doch nur ein Fünkchen,
das Furchen der Traurigkeit
unter unsere Herzen pflügte.

Es war dann doch ein Funke,
der uns final entzweite.

Vielleicht ist es
ein Fünkchen …
Hoffnung,
das uns im Funkenflug
wieder vereint,
bevor wir
in der Endlichkeit
verglühen.

59 Geh
Fährten

Hoch verästelt
und verwachsen.
Jeder für sich.

Tief verwurzelt
und verbunden.
Du und ich.

Geh|Schlecht

es ist
nicht schlecht,
wenn es
einfach ist,
denn, was ist,
wenn es
einfach
liebe ist?

wie einfach
ist es
dann,
zu gehen
oder
zu bleiben,
wenn das
einfach
einfach
schlecht
geworden
ist?

61 Geh|Weg|Schäden

GEHWEGSCHÄDEN

LASSEN

SICH

GEZIELT

GUT

MIT

EINER

KOMMHERTHERAPIE

BEHEBEN

Glaubenskrieg

Glaube nicht,
dass ich nichts suchen würde.
Und glaube nicht,
dass ich nichts gefunden hätte.

Glaube nicht,
dass ich davon nichts haben möchte.
Aber glaube mir,
dass ich es nicht nehmen werde.

Glaube nur,
dass ich es will.

Glaube mir nur,
dass ich es will.

63 Herz
Anfall

WOHIN

DAS

♥

FÄLLT

DORT

SOLL

ES

SEIN

Im
Stillen
Wörtchen

Im stillen Wörtchen
fand ich ein Örtchen,
an dem ich Du sein kann.

An diesem Örtchen
sehe ich mich
durch dich.

An dieses Wörtchen
denke ich immerzu:
Du.

Herzgeräusche

Ich ertrage nicht, zu hören, wie eure Herzen
schlagen. Dumpf poltert ihr in mich hinein.
Ich lausche dem Takt eurer Leben
und komme einfach nicht mit.
Eure Töne schwellen an
und grölen durch mich hindurch.
Eure Vibrationen kriechen tief
unter meine Haut, fressen sich
in meine Knochen und erschüttern mich.
Die zugezogene Tür hinter mir verzieht sich
und durch die entstandenen Schlitze
scheint bedrohlich euer Licht
in die Dunkelheit.
Geht weg mit eurem widerlichen Lauten
und Leuchten und euren frohen Herzen,
schweigt einfach, seid still!, rufe ich euch zu.
Doch ihr schlagt so laut den Bass
eurer Leben an,
dass ihr mich nicht hören könnt.
Meine Sinne bluten und übelriechender Sud
tropft aus allen Poren. Ich würge und weine,
ich kotze und lache und wünschte,
ich könnte meine Ohren
mit mir selbst verstopfen.
Aber ich will nicht, dass das die Lösung ist.

Ich mache den Lautesten
unter den Lauten aus
und stelle mich ihm in den Weg.
Ach, du bist das ...

Ich mustere dich und dein abstoßend
lautes Herz. Ich möchte es
mit purer Willenskraft zermalmen,
es zerquetschen und einmal
hübsche Geräusche erzeugen,
die in anderen Lebenslagen
vielleicht sogar erregend wirken könnten.
Ich will dein Herz
in einen Fleischwolf schmeißen
und das Brät, zu kleinen Klößchen geformt,
zurück in deine Suppe werfen.
Ich kann und will dich nicht mehr sehen,
nicht mehr hören, nicht mehr riechen,
nur noch schmecken.
Ich schließe meine Augen
und sehe das, was du nicht siehst ...

Und das ist gar nicht da.

Tief über den Teller gebeugt beginne ich,
dich auszulöffeln. Doch weil du nicht riechst,
schmecke ich dich nicht.
So fade und geschmacklos
stillst du meinen Hunger nicht.
Mit dir werde ich niemals satt.
Ich esse dich nur, damit ich nicht sterbe.
Ich überlasse deine Reste den anderen.
Ihre noch immer dröhnenden Herzen
scheinen sich zu überschlagen,
als sie sich über dich hermachen.
Doch wieder ist es ein Takt,
der anders klingt als meiner.
Er vermischt sich mit ihrem Schlurfen
und Schmatzen und zufriedenem Rülpsen.

Ich lausche dieser absurden Melodie,
zu der ich niemals richtig
tanzen lernen werde.

Menschengeräusche.

Herz
Kasper

Wenn dein Herz spricht,
dann lass es sprechen.

Wenn dein Herz bricht,
dann lass es brechen.

Wenn es noch bebt,
dann lass es beben.

Wenn dein Herz lebt,
dann wird es leben.

Herzschlaf

Während wir beide so tun,
als würdest du schlafen, lege ich sanft
meine Lippen auf deine Stirn und sage dir,
dass ich dich liebe. Dein Herz galoppiert
und du wirst spüren, wie meines rast.
Deine Hand auf meiner Brust fühlt
und streichelt das Pochen und du bemerkst
selbst gar nicht, wie du dabei
den Atem anhältst. Ich werde dir nicht sagen,
dass es kein Herz ist,
was dort für dich schlägt,
sondern nur ein Schatten dessen.
Eine ferne Erinnerung oder vielleicht
auch nur die Sehnsucht eines Herzens,
seiner Bestimmung zu folgen
und seine Pflicht zu tun.

Alles zwischen uns war von Beginn an
bitter oder bittersüß. Pure Süße, Schärfe
oder Saures kennen wir nicht und Salz
ist nur dazu da, in offene Wunden
gestreut zu werden. Meilenweit voneinander
entfernt sind wir uns näher,
als wenn wir zusammen sind,

doch unser Wiedersehen
schlägt stattdessen Schneisen
der Verwüstung
in uns hinein.

Wir rammen uns vor Verlangen
die Schädel aneinander
und reißen uns die Zungen heraus,
wenn wir uns küssen wollen.
Während unsere Haut in Fetzen
von uns runterhängt, stecken wir Nägel
in unser nacktes Fleisch.
Irgendeiner von uns gießt immer
Öl ins Feuer, während der andere
sich daran nur wärmen möchte.
Wir ertränken uns in Liebessaft
und stopfen uns mit Leidenschaft,
solange, bis wir Abneigung
und Hass erbrechen.
Wir wollen nicht zusammen sein,
denn nur was zusammen ist,
kann getrennt werden.
Stets wollen wir das Beste
noch vor uns wissen
und ein Scheitern
darf niemals das Ende sein.

Die Erfüllung zum Greifen nah
foltern wir uns durch Verzicht
und Selbstkasteiung.
Wir erkranken an uns,
jeder für sich auf seine Weise,
doch zusammen heilen wir uns zu Grunde.
Wir loten unsere Leben aus,
betreten fremde Pfade mit anderen,
während wir insgeheim Umwege suchen,
auf welchen wir uns
mit Sicherheit finden werden.
Wir zelebrieren einen Neuanfang
nach dem anderen
und nennen es verharmlosend
Begegnungen.

Bis sich wieder einer von uns davonschleicht,
wenn der andere gerade schläft.
So wie du gerade vorgibst,
es zu tun und erwartest,
dass ich dich verlasse.
Und weil ich weiß,
dass du das tust,
lasse ich dich wissen,
dass ich es weiß
und nicht verschwinden werde.

Dann verstehe ich plötzlich,
dass wir inzwischen beide viel zu müde
sind, um uns noch davonzuschleichen.
Wir werden uns gewahr, dass nun vielleicht
die Zeit zum Bleiben angebrochen ist.
Und während wir beide so tun,
als würde ich schlafen, legst du sanft
deine Lippen auf meine Stirn
und sagst mir,
dass du mich liebst.
Mein Herz galoppiert
und ich stelle mir vor, wie deines rast.
Gleich werde ich dir offenbaren,
dass es von Beginn an
viel mehr als ein Herz gewesen ist,
was für dich schlägt. Ohne dich
bin ich nur ein Schatten meines Selbst,
wie eine ferne Erinnerung,
die zu verblassen droht.
Lass unsere Herzen die Sehnsucht aufgeben
und ihrer Bestimmung folgen,
ihre Kür zu tun.
Aber deine Hand auf meiner Brust
fühlt plötzlich das Pochen nicht mehr
und dein Streicheln geht ins Leere.
Ich habe selbst gar nicht bemerkt, wie mein
Herz den Atem angehalten hat.

67 **Herz**
Sch[m]erz

Ein Herz.
Verwachsen in Worte.
Mehr ist da nicht.
Ein Schmerz.
Gewachsen in Floskeln.
Mehr ist da nicht.
Worte.
Floskeln.
Da war nie mehr.

68 **Illusion**

Das ist die Währung,
die uns durch den Tag bringt.

Und manchmal durch ein ganzes Leben.

Kurz
Weile

So unendlich.
Solange wir
in denselben Himmel sehen,
solange spiegeln wir uns
in denselben Sternen.
Genauso lange werden wir
zusammen auf- und untergehen,
dämmern, strahlen
und uns verdunkeln.
Genauso lang ist unsere Zeit.

So kurz und endlich.

70 Liebes Leben

Du musst zuerst die Liebe lieben,
damit du sie ertragen kannst.
Dann musst du dich selber lieben,
damit die Liebe dich erträgt.

71 Mondschein

Du sagst,
ich bin dunkel,
fast so schwarz
wie die Nacht
und du kannst
mich nicht
erkennen.

Ich sage,
wenn du
den Mond
sehen kannst,
dann siehst du
auch mich.

Wir tanzten
zu Feuer

Zu Feuer wollten wir tanzen,
wir flackerten hell und verrückt,
wir übersahen die schleichende Gefahr,
wir waren vom Wahnsinn entzückt.

In Flammen gingen wir auf,
wir brannten lichterloh,
zu Asche zerfielen wir,
wie rieselten ins Nirgendwo.
Zu Dünger wurden wir
auf totgeglaubtem Grund,
auf Hoffnung erblühten wir,
wir waren so naiv,
wir waren so wund.

Funkenflunkernd
flogen wir los,
wachsweichwund,
wie neugeboren,
wir waren leicht,
wir waren frei,
wir tanzten für immer
feurig verloren.

NahTod|Deluxegemetzel

Du bist mir so nahe.
Aber ich reise
einmal um die Welt,
um bei dir anzukommen.
Dort, wo du schlummerst.
Durch braunes Geäst
schaue ich
in deine Ferne.
Schneeweißfluffige
Schäfchenwolken
auf hellblauem Grund.
Du blendest mich
mit deiner Sonne.
Du Goldstück.
Ich erinnere nicht,
aus welcher deiner
Körperöffnungen
dein Saft zuerst floss.
Schwarzer Sud wie
Pech und Schwefel.
Alt, stickig, verdorben.
Regenbogenfarben
waren gestern.
Du ziehst es durch,
dein inneres Deluxegemetzel.

Und ich soll dein Zeuge sein.
Es sprudelt aus deinen Augen,
deiner Nase, deinen Ohren,
deinem wunderschönen Mund.
Da ist kein Schatz.
Da ist kein Gold.
Kein einziges Stück.
Nicht aus deiner
Perspektive.

Du badest mich
in deinem Herzblut.
Ich lasse es zu.
Solange es fließt,
ist es noch nicht vorbei.
Egal, ob rot oder schwarz.

NahTod|Tot, aber schön

Deine schwarze Brühe

schwemmt meinen Geist

ins Nirgendwo

und treibt mich

so weit fort von dir,

dass ich dich jederzeit

vergessen könnte.

> Würdest du nicht
>
> am Ende jeder
>
> meiner Wege
>
> auf mich warten.
>
> Hirnassimilation.

Dass dein Rot

zu Schwarz geworden ist,

bedeutet nicht,

dass wir nicht

gemeinsam Weißbunt

sein könnten.

Zeit kann uns
zur Leinwand machen
und in Dunkelheit
ist Grau die hellste Farbe.
Kein Grund, Herzen zu zerfetzen.
Sie schimmern doch so wunderschön.

Tot, aber schön.

NahTod|Wiedergeburt

Eine Schale nach der anderen
pellen wir uns ab.
Und bringen uns zum Vorschein.
Hirnapokalypsen enthüllen
niemals gute Götter. Ganz gleich,
wie wunderschön sie anfangs funkeln.
Ein Ruck der Gewalt
rast durch unser Seelenheil. Abwärts.
Zurück nach oben geht es nur,
wenn wir uns verbiegen.
Und das tun wir doch schon so lange.
Die Richtung haben wir uns selbst ausgesucht.
Vollvermummt schneiden wir uns
in Scheiben.
Gemächlich.
Liebevoll.
Eindringlich.
Aber die Herzen müssen unversehrt bleiben,
denn sie schlagen so hübsch und verlässlich
in ihren sorgsam hergerichteten Beeten.
Hoffnung.
Aberglaube.
Irrsinn.

Vielleicht hat sich unser Verstand
irgendwo dazwischen versteckt.
Zartbitterbunte Augäpfel,
die sich unendlich tief treffen,
starren sich an.
Hohl.
Leer.
Selbst verdaut.
Verwesendes Bewusstsein nährt uns
seltsam bereichernd durch die Nabelschnur
der selbst gewählten Finsternis,
die früher einmal Zukunft hieß.
Sterben hier, ist Wiedergeburt dort.
Nie fühlten wir uns lebendiger. Auf Zeit.
The world's a stage
and each must play part.
Wir spielen ganz bezaubernd
im Labyrinth der Möglichkeiten.
In Sturmmasken.
Nackt bis auf die Knochen.
Betäubend schön.
Und der Vorhang ist noch nicht gefallen.
So viele Spieglein, Spieglein an der Wand.
In einem werden wir uns wiedersehen.
Und bis dahin unsere Herzen eine Weile
stillstehen lassen.
Ein Tod muss gestorben werden.

Niemals ein Mal

Ja, ich denke jetzt nicht mehr an dich.
Du hast nie existiert, niemals.
Nie hast du mich berührt,
nie hast du mich glücklich gemacht, niemals.
Du hast mich nie zum Lachen gebracht
und keine eine Träne vergoss ich wegen dir.
Mit dir habe ich mich nie bereichert gefühlt
und das Leben wurde kein bisschen schöner
nur durch dich. Vermisst habe ich dich
nie bei mir und Sehnsucht war
und bleibt doch nur ein Wort.
Es war nie mit dir verbunden.
Nie warst du mein erster und letzter Gedanke
eines Tages und ich habe in keiner Nacht
von dir geträumt. Ich war nie verrückt
nach dir, ich habe nie den Kopf verloren,
niemals. Nein, ich denke jetzt nicht
 an einen rosa Elefanten mit grüner Schleife
um den Rüssel, niemals.

Die Schleife
            hat Tupfen
                        und sie
                                    sind schwarz.

Pfad
Fund

Endlich.
Wie das Leben ist.
Du bist meine Straße.
Ich geb ihr deinen Namen.
Du bist mein Pfadfinder.
Ich weise dir den Weg.
Unendlich.
Wie wir sind.

Salami Taktik

Ich gebe mich mit weniger zufrieden,
damit du mir nicht mehr zu geben brauchst.
Ich erzähle dir von mir,
damit du mich nicht fragen musst.
Obwohl ich nichts hinunterschlucke,
muss ich würgen.
Und dann kotze ich
abertausend kleine Lügen aus,
weil mein Herz nicht aufhört,
mir auf den Magen zu schlagen.
Sein Wunsch war, etwas zu finden,
damit es nicht mehr zu suchen braucht.
Ich muss es zum Schweigen bringen,
damit es nicht mehr so laut sein kann
und aufhört,
dir Wahrheiten von sich erzählen.
Feinsäuberlich schneide ich es
in dünne Scheiben, damit du
es nicht verletzen kannst.
Dann stopfe ich es scheibchenweise
in die Hüllen deiner Versprechungen,

damit du sie nicht mehr zu füllen brauchst.
Ich zerstöre die Bilder in unseren Köpfen,
damit sie sich nicht einbrennen können.
Und dann lasse ich dich gehen,
damit du mich nicht zu verlassen brauchst.
Vielleicht gehe ich auch einfach selbst los,
damit du mich nicht wegschicken musst.

Ich frage dich nicht, warum du so bist,
wie du bist, damit du
dich mir nicht erklären musst. Ich mache
mich ganz klein und schwach,
damit du groß und stark sein kannst.
Und dann bringe ich all diese ganzen
Wörter um, die zwischen uns gefallen sind.
Damit sie sich nicht mehr
vor dem Sterben fürchten müssen.
Ich mache es dir leicht,
weil es so schwer für mich ist.

Hm.

Vielleicht bleibe ich auch noch ein bisschen,
damit ich dich nicht vermissen muss.
Es rennt ja nicht weg. Das Verlassen.
Du bleibst ja auch.

Save our souls

... wie eine Flaschenpost
ins offene Meer geschleudert
treiben wir
auf stiller See
trudeln
strudeln
überstehen
Sturm und Flaute
versinken
tauchen wieder auf
Naturgewalten
hilflos ausgesetzt
suchen wir
den einen
Empfänger
der Kraft und Geduld hat
den Korken zu ziehen
uns zu entfalten
uns zu lesen
uns zu verstehen ...

Die Sinnlosigkeit
des Denkens

Die Sinnlosigkeit des Denkens
ist die Quittung für
die Sinnlosigkeit des Seins,
ist die unumstößliche Gewissheit,
dass alles endet,
doch unvollendet bleibt.
All die Fragen
nach dem Warum,
nach dem Wohin,
ergeben keinen Sinn.
In Ungewissheit geweiht
für alle Zeit,
das ist die Ewigkeit,
die das Leben schreibt.

Schlaf|Wandlung

Lass mich dich
nur ein Mal schlafen
sehen. Sei meine
Ruhe vor deinem
Sturm. Berühr
mich, verführ mich,
entführ mich
dorthin, wo dein
Schein und dein
Sein getrennte
Wege gehen, wo du
dich spiegelst im
Kabinett deiner
kuriosen
Absurditäten, wo
sich deine
Erinnerung mit
Zukunftsphantasie
vermengt und sich
in die unverfälschte
Realität deiner
Träume wandelt.

Lass mich dich
nur ein Mal
träumen sehen. Sei
mein Sieger nach
deinem Kampf.
Leite mich, begleite
mich, gleite mit mir
an den Ort, wo du
vergisst, was du
einst lerntest, wo du
Worte findest,
die dir fehlen, wo du
liebst, was du
begehrst, wo du
tötest, was du hasst,
wo du betrauerst,
was du verlierst, wo
du findest, was du
suchst und
wo du lächelst,
wenn du
glücklich bist.

Lass mich dich
nur ein Mal
den Verstand
verlieren
sehen. Sei
meine
Wohltat, wenn
dein Schmerz
nachlässt.
Nimm mich
nur ein Mal
mit auf deine
Reise in
deinen kleinen
Tod,
in den Schlaf
des Gewinners und des Verlierers,
des Richters und
des Angeklagten,
des einzig Wahren,
wo Grenzen erst der
Anfang sind und wo
ich nur ein Mal
erahnen kann, für
was deine Seele
wahrhaftig brennt

Schlag
Anfall

Du weißt genau, dass du
mit diesem Herz zerrissen wirst.
Zu viele Ecken, zu viele scharfe Kanten, die
ritzen
und
schlitzen
dich auf.

Aber es schlägt und
schlägt
und
schlägt.

Unvorstellbar, dass es einmal schweigt.
Es schlägt und
schlägt
und
schlägt.

Selbst dann,
wenn es zerrissen ist.

81 Schönes Leben

Wir sind am schönsten

Wenn wir glücklich sind

**Sehn
Sucht**

Sehnsüchte
existieren nicht,
um sich
zu erfüllen.

> Sehnsüchte
> existieren,
> um sich
> erfüllt zu fühlen.

Und was willst du jetzt hier?,
fragten wir sie.

> *Ich bin einfach da,*
> erwiderte die Sehnsucht.

Heuchlerische Münder

Was macht die Liebe?,
hallt eine Frage in die Nacht.
Das steht in den Sternen,
lautet eine Antwort,
eingebettet in ein derart
abgrundtiefes Seufzen,
dass es seinen Ursprung
am anderen Ende der Welt
zu haben scheint.
Synchron, wie eine lange einstudierte
Choreographie, legen zwei Köpfe
sich in den Nacken, zwei Augenpaare
tasten forschend das Firmament ab.
Ah ...
Oh!
Tja.
Und nun?
Zwei Blicke sinken betreten zu Boden.
Schade, dass es heute Nacht
so bewölkt ist,
dringt es murmelnd aus zwei
heuchlerischen Mündern.

Seitenfüller

Wir träumen uns in die Wiesen.

Seite an Seite. Wir fürchten uns,
aber wir trauen uns.
Das Gras ist anmutig
und so hochgewachsen,
dass nur ein sehr genauer Beobachter
uns dort entdecken könnte.
Wir haben keine Spuren hinterlassen,
kein Halm wurde gewaltsam geknickt.
Weil wir geflogen sind. Das saftige Gras,
auf dem wir nun liegen, hat sich erbarmt
und sich von selbst zur Seite geneigt,
nur um uns ein weiches Bett zu bereiten.
Seite an Seite in die Sonne blinzelnd
erzählen wir uns alte Fabeln
und erfinden neue Geschichten,
während unsere Lippen
sich immer wieder zaghaft suchen
und seltsam furchtlos finden.
Dann schweigen wir und lauschen
unserer Chronik, die wir
in diesen wunderbaren Augenblicken
niederschreiben. Unsere Widmung
war schon lange
vor uns da.

Wir flechten einen bunten Kranz
aus blumigen Phantasien
und nennen ihn Prolog.
Vorwitzige Grashalme kitzeln uns
und malen zarte Buchstaben
auf unsere Haut.
Wir lassen zu,
dass große, monströse Worte
daraus wachsen,
mit denen wir die Seiten
unserer einzigartigen Geschichte füllen.
Wir trauen uns.
Seite an Seite.
Erfüllung.

In den Wiesen.

[StumpfSinn]

Niemals verbieg ich mich für jemanden,
murmele ich, während mein Kopf
unter meinem Arm klemmt
und mein Herz in Strömen
durch meine Kehle
über meine Lippen rinnt.

Und ich lasse mich
von niemandem verbiegen,
versichere ich mir selbst,
während ich versuche
davonzulaufen.

[ABER ICH FINDE MEINE BEINE NICHT.]

Quelle und Mündung

Wasser ist Leben,
ich lebe,
ich fließe davon.
Leben ist Lieben,
Lieben ist Schmerz,
ich liebe,
ich schmerze,
ich fließe wie Blut
im liebenden Herz,
fließender Schmerz,
voller Liebe,
voller Güte,
so rein,
so klar,
so durch-
und offensichtlich
wie Wasser
aus meiner Quelle,
die ich bin,
in die Mündung,
die du bist.

Sonne|Mond|Rabenschwarz

[Und wenn wir nicht gestorben sind …
dann leben wir!]

Erwartungsvoll blinzele ich in die Sonne,
während auf dem Dach meiner Existenz
die Raben von den Dächern krächzen:

Du bist tot! Du bist tot! Du bist so tot!

Dann lachen sie und ich falle ein. Sie wissen
noch nicht, dass ich mir aus ihren Federn
ein Kleid nähen werde. Samt, weich,
rabenschwarz. Damit fliege ich zur Sonne.
Der Tod bietet so viele Möglichkeiten,
aber das weiß niemand. Ich verwandele
die Nacht in einen Tag und der Mond
ist nun meine Sonne. Kalt. Trocken.
Unnahbar. Dort will ich sein. So will ich sein,
wenn ich wieder auferstehe.
Die Raben lasse ich zurück, wie sie sind.
Nackt, verletzlich, geläutert. Nun bin ich es,
die ihnen zuruft:

Ihr seid tot! Ihr seid tot! Ihr seid so tot!

Dann weinen sie und ich falle ein. Ich weiß,
dass ich verglühen werde. Fiebrig, heiß,
der Sonne viel zu nah gekommen.
Längst kann ich nicht mehr blinzeln,
denn sie hat mir die Lider versengt.
Jetzt sehe ich alles. Was war, was ist,
was sein wird. Die Sonne, wie sie strahlte
und ich auf ihr spazieren ging. Den Mond,
wie er sich verdunkelte und ich trotzdem
an ihm festhielt. Mich selbst, wie ich lebe,
wie ich verbrenne und erfriere, die Nacht
zum Tag gemacht, den Mond zur Sonne
und das Krächzen der Raben zu liebevollem
Geflüster. Ich sehe mich in der Zukunft
ihre Lieder singen.

[Und wenn wir leben ...
dann sterben wir nicht?]

Ich höre auf, mit den Flügeln zu schlagen,
und ergebe mich dem freien Fall.
Ich tauche ein in den Ozean meines Seins,
während die Tiefseeungeheuer,
die schon immer
im Dunkeln ihr Dasein fristen,
feixen:

Du bist tot... du bist tot... du bist so ...
todgeweiht.

Ich lächele
die aussterbenden Kreaturen an:

Ich weiß.
Aber ich habe die Sonne gesehen.

Es ist kein Wasser, was meine Lungen füllt,
und ich hätte nicht gedacht,
dass ich überleben werde, als ich beginne,
wieder zu atmen. In der Dämmerung
schwimme ich zurück an Land
und lasse das Blutbad hinter mir.
Die Raben erwarten mich schon
auf dem Dach meiner Existenz. Irgendwann
werde ich sie
auch austauschen. Aber das wissen sie
noch nicht. Das weiß niemand.
Wir werden alle sterben.

[Das will niemand wissen.]

Diese
Frage

Heute ist einer dieser Tage,
an denen ich mich trage
durch die Frage, wie ich es ertrage,
diese Frage, diese Frage, dieser Tage,
wie ich es sage in dieser Lage,
nichts mehr zu sagen, nichts mehr zu fragen,
nicht zu verzagen trotz all der Fragen?
Kann ich es wagen,
nichts zu beklagen an diesen Tagen?
Kann ich begraben all die Plagen?
Kann ich entsagen der mächtigsten Frage
aller Fragen: Wann endlich
beginnt die Nacht?

Plötzlich bin ich aufgewacht,
es war nie Tag, es ist die Nacht,
mit aller Macht
hat sie sich selbst zum Tag gemacht.
Zu einem dieser Tage,
an denen ich mich trage
durch die Frage,
wie ich es ertrage,
diese Frage,
diese Frage ...

Teufels Krallen

Wir sind verschmolzen
zu einem guten Bösewicht,
der sein eigenes Herz erbrochen hat,
um Platz für das des Anderen zu schaffen.
Da wo sie gewesen sind,
wächst nun wildes Gras, jeder Halm so tief
im Anderen verwurzelt, wie die Wurzeln
eines alten Baums. Dort liegen wir,
die Köpfe ineinandergesteckt,
verbissen in unsere Lippen.
Unser Blut schmeckt wie süßer Nektar
und wir können nicht anders,
als aneinanderzukleben.
Würden wir uns trennen, verbänden uns
klebrig zähe Fäden, so undurchtrennbar
wie das Drahtseil, auf dem wir uns einst
tanzend begegneten. Wir wären
nie aneinander vorbeigekommen,
hätten wir uns nicht fest ineinander gekrallt.
Einer wäre gefallen. Jetzt stürzen wir
höchstens noch gemeinsam ab. Im freien Fall.
Das Letzte, was wir sehen würden,
wären unsere Gesichter. Meins in deinem,
deins in meinem. Den Teufel im Antlitz

eines Engels.
Doch längst sind die Wurzeln,
die wir ineinander geschlagen haben,
viel zu tief.

Wir können nicht mehr fallen.
Und niemand kann uns fällen.

ICH SOLLTE EINEN
87 **Text über Liebe**
SCHREIBEN

Manche Liebesgeschichten
sollten nicht erzählt werden,
andere schreien sich demonstrativ
selbst ins Leben.
Ihre Nahrung ist die Show.
Manche davon
muss man zum Schweigen bringen,
andere verstummen ganz von selbst.

Die Liebesgeschichten,
die nur flüstern,
die im Rausch
der großen Dramen
unterzugehen drohen,
das sind die,
denen zu lauschen,
sich lohnen würde.
Liebesgeschichten,
die Geschichte schreiben,
müssen nicht erzählt werden.

88 **Verdammt!**

Vielleicht sollte jeder das tun,
was sich verdammt richtig anfühlt,
egal, wie verdammt falsch es scheint
für den verdammten Rest der Welt.

89 **Vergiss Nichts**

Willst du fliegen,
vergiss die Flügel nicht.

Wenn du heilen willst,
vergiss die Narben nicht.

Willst du singen,
vergiss die Melodien nicht.

Wenn du lieben willst,
vergiss die Liebe nicht.

90 **Luft und Liebe**

Nichts ist wichtiger als Liebe,
sagt die Liebe.
Jeder Atemzug ist wichtig.
Du wirst es wissen,
wenn du einmal das Unten
von ganz unten betrachtest.
Jeder Atemzug ist wichtig.
Wenn du ihn einmal
an einen anderen Menschen verschenkst,
wirst du es wissen.
Jeder Atemzug ist wichtig.
Du wirst es wissen,
wenn ihn dir einmal jemand raubt,
anstatt ihn dir zu widmen.
Wenn sich heiße Leidenschaft
um deinen Hals legt und es am Ende
doch nur kalter Stahl gewesen ist,
der deine längst verengten Venen
durchtrennen wird.
Hättest du zuvor nur einmal das Unten
von ganz unten betrachtet, hättest du
es wissen können. Jeder Atemzug ist wichtig.
Viel wichtiger als Liebe,
sagt das Leben.

Wachs
Weich
Warm

in deinen händen
werde ich warm
werde ich weich
wachs

und immer wieder
wenn ich wachs
geworden bin
vergesse ich
dass ich das
nicht ewig
ein kann

wachs
weich
warm
in deinen händen

Woll
Lust

Wenn du willst,
dass ich bleibe,
halte mich niemals fest.
                    So fest du kannst.

Wenn du willst,
dass ich mich öffne,
dringe nicht in mich ein.
                    So tief wie möglich.

Wenn du willst,
dass ich gehe,
nehme mich nicht mit.
                    Ins Nirgendwo.

Wenn du willst,
dass ich lebe,
lasse mich sterben.
                    So oft ich will.

YOU ONLY LIVE ONCE

ACH WEIßT DU ... YOLO ...
IRGENDWIE SO IST DAS DOCH OKAY EVENTUELL
MÖGLICHERWEISE ABER SICHER BIN ICH MIR NICHT
UND WAS MEINST DU JA KÖNNTE SEIN EVENTUELL
MÖGLICHERWEISE MEINST DU WIRKLICH ALSO SO
WIRKLICH WIRKLICH SICHER SICHER UMSO LÄNGER
ICH DARÜBER NACHDENKE ... PUNKT
ACH WEIßT DU ... YOLO ...
DAS HEIßT DU LEBST NUR EINMAL UND VIELLEICHT
SOLLTEST DU VIEL ÖFTER SO DENKEN UND EINFACH
MAL TUN UND EINFACH MAL MACHEN ODER
EINFACH MAL SEIN LASSEN UND GUCKEN WAS
PASSIERT WENN DU TUST ALS OB DU UNSTERBLICH
WÄRST WEIL IST ES NICHT OHNEHIN EGAL OB DU
GEHST ODER STEHST ODER BLEIBST ODER LACHST
ODER WEINST ODER WAS MEINST DU ERGIBT DAS
SINN UND WOHER WEIßT DU EIGENTLICH OB DU
UNSTERBLICH BIST WENN DU NICHT EIN EINZIGES
MAL GESTORBEN BIST JETZT SAG HALT WAS DU
MEINST ODER MEINST DU GAR NICHTS ...
FRAGEZEICHEN

ACH WEIßT DU ... YOLO ...

IRGENDWIE SO IST DAS DOCH OKAY ... PUNKT
ODER VIELLEICHT DOCH MAL EIN AUSRUFEZEICHEN
ODER DU ICH BIN MIR ECHT NICHT SICHER ABER
IRGENDWIE SO MUSS ES HALT GEHEN UND SO MUSS
ES HALT SEIN WENN ES EINFACH NICHT ANDERS
GEHT VERFLUCHT DANN IST DAS NUN MAL
IRGENDWIE SO UND ...

ACH WEIßT DU ... NEIN ...

DU LEBST NICHT NUR EINMAL SONDERN JEDEN TAG
UND JEDEN NEUEN TAG HAST DU NEUE CHANCEN
ABER DU WIRST WIRKLICH WIRKLICH NUR EINMAL
RICHTIG STERBEN UND DANN SICHER FÜR IMMER
UND SICHER FÜR EWIG UND DAS VERSPRECHE ICH
DIR AN JEDEM TAG DEN DU LEBST UND DAS IST
DOCH IRGENDWIE VIEL BESSER ALS NUR OKAY ...

YOU ONLY DIE ONCE

WEIßT DU?

WEIßT DU

ES
PASSIERT
IN
DIESER
SEKUNDE
IN
DER
NÄCHSTEN
IST
ES
SCHON
VERGANGENHEIT
UNABÄNDERLICH
BIS
IN
DIE
VERFLUCHTE
EWIGKEIT
VON
DER
KEINER
WEIß
WANN
SIE
BEGINNT
UND
WO
SIE
ENDET

Augen|Blicke

Herbstanfang und Augenblicke.

Deine Augen,
deine Augen,
deine Augen.
Immer wieder deine Augen.
In deinen Augen war stets Herbst.

Aber nicht der traurige, öde Teil davon,
sondern der wunderschöne, der farbenfroh
Verzaubernde, welcher die Melancholie des
Spätherbstes schon ahnen lässt, aber noch
immer die Hitze des Hochsommers
und all seine sündigen Erlebnisse aus
tropischen Nächten in sich trägt.
Ich versank in deinem Herbstblick,
sobald er mich erreichte und verschwand
vollends darin, wenn im gleichen Moment
diese ganz spezielle Melodie erklang,
die nur wir beide hören konnten.
Nie sah ich tiefer in eine Welt hinein
als durch deine Fenster zu ebenjener.
Es waren die Augen einer Primaballerina
und sie tanzten nur für mich. Manchmal so
wild und heftig, dass ich nicht mehr wusste,

ob wir es waren, die sich drehten oder die ganze Welt.

Vielleicht drehte sich einfach alles in- und umeinander oder es war das Universum, was um uns kreiste, während es uns verschlang. Ich erinnere mich, wie du dich einmal vor mich stelltest, demonstrativ deine Augen schlosst und mich herausfordernd fragtest, welche Farbe deine Augen hätten.
Ich zählte dir alle Farben und Nuancen auf, die mein Wortschatz hergab
und du lachtest mit deinem viel zu schönen Mund und deinen viel zu bezaubernden Augen, immer wieder deine Augen.
So wunderschön betörend, umrandet von einem samtenen Kranz aus Wimpern, die zu viel zu schön, viel zu dicht, viel zu lang und viel zu geschwungen waren, um wahr zu sein. Doch sie waren es, so wie du ganz und gar wahrhaftig warst.
Deine Augen öffneten Seelen
und du stiegst tief hinab in Abgründe, so lange, bis du gefunden hattest, was du in jedem Menschen zu sehen glaubtest.
Mit irgendetwas kamst du immer zurück.

Und sei es mit leeren Händen, so doch mit
Herbstgold in deinen Augen, immer wieder
deine Augen.
Ich ahnte, was sie bereits zu sehen
ertragen mussten. Viel Leid, viel Kummer,
viel Schmerz. Doch all das hat sie erst
so stark gemacht, so wissend, so sehend,
so weise, so golden. Ich habe mich oft darin
gespiegelt und nicht selten
hast du mich erblinden lassen,
alleine durch deine glänzenden Augen,
immer wieder deine Augen. An manchen
Tagen strahlten sie so hell, durchfluteten
meine Galaxie, bis ich völlig vergaß,
wie die Dunkelheit aussieht.
Und wenn sie wieder anbrach
und die Nacht in einen Albtraum
zu verwandeln drohte, dann spielten
deine Augen für mich Mond, lenkten mich
und die Gezeiten.
Dann konnte ich schlafen, ruhig und sicher,
aufgehoben von dir und deinen
wunderschönen Augen träumend.
So wollte ich dich bewahren,
so sollte es immer sein.

Doch jetzt verstummt die Melodie
und mir fehlt die Kraft die Spieluhr
wieder aufzuziehen.
Und auch die Primaballerina
muss ein wenig ruhen.
Ein letzter Blick in deine Augen,
immer wieder deine Augen und ich halte inne.
Mich fröstelt und mir fällt plötzlich
wieder ein, dass Blicke töten können.
Dass du niemals Herbst gewesen bist.
Weder du noch deine Augen. Jeden Abend
betrachte ich sie und zelebriere
dieses ganz besondere Mahnmal
aus unseren Augenblicken.
       Deine Augen, deine Augen, deine Augen.
              Immer wieder
              deine bitteren,
            eiskalten Augen
       auf dunkelrotem Samt gebettet.
Behutsam lasse ich den schweren Deckel
auf das Porzellankästchen sinken
und deine Augen
in der Finsternis verschwinden.
Morgen sehen wir uns wieder,
wenn ich mich daran erinnere,
dass du doch einfach nur
eine trostlose Jahreszeit gewesen bist.

**Augen
Licht**

Du hast Augen ...
und doch siehst du nichts.

Ich könnte sie dir
mit einem heißen Löffel
aus den Augenhöhlen schaben ...
und doch würde dir nichts fehlen.

Ich könnte meine zerriebene Seele
wie Sand in deine Augen streuen ...
und doch würdest du nicht blinzeln.

Und doch ...
du hast die schönsten Augen,
in die ich jemals sah.
Ich sehe sie vor mir,
wenn ich meine Lider schließe.
Immer.

Nachklang

nachgeklungen
nachgeschwungen
nachgebebt
sind deine Worte
in mir
nun klinge ich
nun schwinge ich
nun bebe ich
mit dir
ich hier
du dort
nun fort

Bewusst|Sein

DrogenFrei

Erspüre den Augenblick, wenn ...

... Raum und Zeit verblassen, zu schäbigen
Erinnerungsfetzen in Vergangenheit
auflösend, auferstandenes Jetzt und Hier
zur Totgeburt zusammenfließen.

... Haut spröde wird, unbarmherzige Risse
Wege freifressend, von längst gespaltenen
Knochen lösend, Verfall geweihtes Fleisch
freilegt.

... trächtige Sporen hässlich grauer Mixtur
aus Staub und Schimmel letzte Reisen
durch das Riechorgan antreten,
frohlockend ihren Samen in den
Hirnstamm treibend, farbenfrohe
Detonation der gepeinigten Seele besiegeln.

... das Betrachten unter Qualen gezeugter
Geschöpfe Erregung nachgebiert, geifernde
Triebe Lebenssaft einklagend, Blüten
pickend und hackend, aus Gefangenschaft
befreit.

... Sinne, in glasklare Nebelschwaden
verwandelt, ungeahnte Höhen erklimmen,
bittersüße Instinkte weckend, diffuse
Schriftzeichen an Wände vergangener
Existenzen schlagen.

... alles Leben faulend sich zusammenrottet,
einen bittersüßen Augenblick fixierend,
Zukunft spöttisch zum trivialen Epilog
verkommt.

... Körper lästiger Kadaver wird, gnädig vom
Geist absondernd, allein Gesetzen selbst
erschaffener Kreaturen folgt.

... Absterben und Auferstehen zu einem Akt
der Entrückung verschmilzt, bizarre Bilder
entblößend, Hunger und Durst nicht stillend,
Befriedigung verschafft.

Erspüre und erlebe die Schönheit
dieses Augenblicks, wenn ...

Bewusstsein allein, du selbst,
die mächtigste Droge geworden bist.

Blitzeblank

Polier mich auf. Bade mich
in warmer Seifenlauge.
Nimm ein weiches Tuch,
reib mich sanft trocken. Hauch mich an,
poliere mich. Blitzeblank. Ich will glänzen,
ich will leuchten. Ich will dich blenden
und dir mit meiner glatten Oberfläche
schmeicheln. Schau mich an, siehst du,
wie rein und lieblich ich sein kann?
Über allem stehend und leuchtend.
Du schaust mich an und findest dich darin.
Du spiegelst dich in mir
und findest dich schön. Dann gehst du weg
und lässt mich stehen. Denn nun weißt du,
wer du bist.
Es dauert nicht lange, bis mein Leuchten
verblasst. Eine feine Staubschicht legt sich
über mich. Dann kommt der Lack
der Eitelkeiten und vermischt sich
mit dem Staub der Arroganz zu einer
schmierigen Allianz des Hasses.
Du schenkst mir Ignoranz und siehst mich
nicht mehr. Ich bin nicht mehr. Ich war.

Komm, bade mich in warmer Seifenlauge.

Dem Himmel
so nah

Ich wäre

dem Himmel

gerne näher,

dann wäre ich

dir wieder nah,

es wäre Frieden

in meinem Herzen,

denn du wärst

wieder da.

Button Down

Wie immer.

Ihre Augen brannten. Sie hatte am Vortag zu lange in die Sonne gestarrt, war förmlich in sie hineingekrochen. Sie bewunderte die Sonne, die nie zu scheitern schien. Jeden Tag ging sie auf, ganz gleich, was unter ihr passierte. Sie war nicht immer stark genug, die Wolkendecke zu durchbrechen, aber irgendwann, irgendwann war sie immer wieder voll da. Tagein, tagaus. Sie schaltete den Tag ein und aus. Sie waren sich sehr ähnlich. Die Sonne war aufgegangen, sie war aufgestanden und fragte sich nun, was noch mehr zu tun sei, außer da zu sein.

Wie immer.

In der Küche entdeckte sie, dass es ihm gelungen war, sein Frühstücksgeschirr immerhin vom Tisch in das Spülbecken zu stellen. Die Spülmaschine befand sich direkt darunter. Früher hatte sie darüber geschmunzelt. Der alte Kampf der Geschlechter.

Danach kam die Zeit, in der sie sich tatsächlich darüber ärgerte, es respektlos fand und ihm das auch sagte.

Er machte sich darüber lustig, was sie empörte, aber am Ende wurde aus der Wut ein Witz und sie lachten über diese albernen Kleinigkeiten. Das war lange her. Heute murrten sie sich an, völlig egal, um welches Thema es ging. Nur morgens nicht, da rissen sie sich noch zusammen. Jeder Morgen war eine neue Chance. Aber der Tag, der lange Tag. Bis zum Abend waren ihre Kräfte längst aufgebraucht.

Wie immer.

An der Haustür rückte sie ihm den Button-Down-Kragen seines kleinkarierten Hemdes zurecht. Da tat sie immer, es war ein Ritual, es musste so ein. Jeden Tag, von Montag bis Freitag, um kurz vor Sieben. Es war eines dieser Dinge, die nie so gewesen sind und dann doch so wurden und die dann so blieben, weil sie plötzlich immer so gewesen sind. Als er ging und zur Bushaltestelle eilte, schaute sie ihm nach. Wie lange ihr Blick dabei schon ins Leere ging, das wusste sie nicht.

Erst wenn er sich noch einmal zu ihr umdrehte, formte sie ein Herz aus dem Strich ihres Mundes und warf es ihm zu.

Wie immer.

Seufzend räumte sie das Geschirr in die leere Spülmaschine und dachte daran, wie sie in neun oder zehn Stunden sein mürrisches Gesicht wiedersehen würde. Er würde ihr vorgaukeln, wie anstrengend und zermürbend sein Tag gewesen sei. Sie würde die Show mitspielen, das Abendessen zubereiten und ihn einfach in Ruhe lassen. Zwischendurch würde sie ihn mit Bier und Chips versorgen und dabei zusehen, wie sein fetter Bauch noch fetter wurde. Nach den Spätnachrichten würden sie vielleicht miteinander schlafen. Hinterher würden sie sich sagen, dass sie sich lieben. Ein weiteres Ritual. Es musste so sein, damit alles blieb, wie es ist.

Wie immer.

Dann würde er ins Bett gehen, aber sie würde noch aufbleiben und vorgeben, noch lesen zu wollen. Im Wohnzimmer stapelten sich die Bücher. Sie bestellte jede Woche mindestens eins. Gelesen hatte sie keins davon.

Aber sie waren eine gute Ausrede. Wie sollte sie ihm auch erklären, dass sie einfach nur dasaß, die Zeit absaß, bis der Morgen graute. Früher hatte sie darüber noch geweint, aber das ging nicht mehr.

Sie hatte schlichtweg vergessen, warum. Es war nun alles so, wie es geworden ist.

Wie immer.

Ihre Augen brannten, aber heute würde sie wieder in die Sonne starren. Sie würde sich vorstellen, wie sie ihre äußere Augenhaut verbrannte, der Schleier sich lüften und der Vorhang fallen würde. Dann würde sie ihm am Abend vielleicht endlich sagen, dass sie wusste, dass er schon seit Monaten nicht mehr auf die Arbeit ging. Vielleicht würde er ihr dann auch sagen, dass er wusste, dass sie tagsüber nicht einfach nur zu Hause herumhing; dass sie tat, was niemand tun sollte und sie es trotzdem machte, damit er von Montag bis Freitag um kurz vor Sieben den Bus erreichen konnte; nicht ohne, dass sie ihm zuvor den Button-Down-Kragen seines kleinkarierten Hemds zurechtgerückt und eine Kusshand zugeworfen hatte.

Vielleicht würden sie sich endlich gestehen, dass sie den Kampf verloren und die Zeiten sich geändert hatten und dass nichts mehr so war, wie es gewesen ist; dass zwei Verlorene sich nicht gegenseitig retten könnten. Doch das würde nicht passieren. Das Eingeständnis des Einen, wäre das Ende des Anderen. Dass es auch ein Anfang sein könnte, daran dachte sie gar nicht. Sie schloss ihre Augen, wohlwissend, dass die Sonne trotzdem weiterscheinen würde, ganz gleich was unter ihr passierte.

Wie immer.

Eine Liaison
aus Atemzügen

Auf das Wesentliche reduziert
atmen wir nur noch
ein
und
aus.

Eine Liaison
aus Atemzügen
lässt unsere Lungen
zu einer werden.

Wir verschlucken uns,
wir gebären uns,
wir halten uns an,
wir halten uns aus.

Auf das
Wesentliche reduziert
atmen wir nur noch
uns.

Das Vieh is[s]t immer

Die kleine Sau isst ständig.
Auch wenn es nur heiße Luft
und bittersüße Liebe ist.
Aber am liebsten frisst sie Worte.
Tief wühlt sie mit ihrer geil gierigen Nase
im Trog der Eitelkeiten
und pickt sich die Rosinen raus.
Sie ist ein Bastard und ein Wiederkäuer.
Wieder und wieder mampft und kaut sie
schmatzend alles durch, was man ihr zum
Fraß vorwirft. Zum Runterspülen gibt es
einen Egopusher und das kickt so fein.
Worte verwandeln sich in ihrem Magen
in herzhafte Aufmerksamkeiten
und süße Zuwendungen. Herrlich,
wie sie im fetten Bauch
der Selbstgefälligkeit
vor sich hin gluckern.
Wenn sie richtig schön pappsatt
den schwabbeligen Bauch
gen Himmel reckt, entdeckt sie quiekend,
dass eben jener voller Geigen hängt.
Doch Völlerei vernebelt ihr die Sinne.

Jemand sollte ihr sagen, dass die Melodie,
die sie hört, auch das finale Spiel von Harfen
und Trompeten sein könnte.

Wir schnitten diesem Schwein
die Kehle durch. Schon vor vielen Jahren.
Wir ließen es ausbluten und dann verrotten.
Irgendein mental verirrter Wanderer
auf der Durchreise
warf ihm einen Brocken hin und siehe da:
Auferstehung ist kein Mythos.
Das Quieken strafte uns Lügen.
Jedes Jahr, jeden Tag und jede Nacht.

Wieder und wieder zücken wir
das scharfe Messer und lassen es,
so tief wie möglich,
durch die Schweinetröte gleiten.
Möglicherweise ist es ein Fehler
im Blut der Hoffnung zu baden.
Vielleicht ist es aber einfach nur menschlich.

Denk|mal [nicht]

Du denkst, du gehst nach vorne, weiter,
immer weiter. Bis du erkennst,
du gehst auf das Ende zu, weiter,
immer weiter, bis zum Schluss.
                    Das denkst du.
Und dann bedeutet jeder Schritt Verfall.
Das denkst du. Du drehst dich um
und gehst zurück, doch der Horizont
ist mitgegangen. Du wendest dich ab,
aber er ist immer vor dir da. Du drehst dich
im Kreis und das Ende dreht sich mit dir,
weiter, immer weiter. Du denkst,
alles wiederholt sich wieder, immer wieder,
nur die Gefühle tun das nicht.
Jedes erlebst du nur ein Mal,
und kommt es im gleichen Gewand daher,
so ist es doch ein anderes. Aber nicht mehr
als eine Kopie einer Kopie einer Kopie
eines Gefühls. Du fragst dich,
ob es nicht Sinn ergäbe,
einfach stehen zu bleiben, dort,
wo du jetzt bist, in der Mitte des Lebens.
Vielleicht kannst du es dann einfangen,
dieses eine Original, es festhalten,
manifestieren und damit in deinen Händen
auf der Stelle sterben.
                    Das denkst du.

Und dann planierst du den Boden unter dir,
kein Wachstum soll mehr möglich sein,
Gefühle gehören erstickt,
bevor sie keimen können. Du denkst,
du stehst, hältst still, bist stumm.
Bis du erkennst, dass du nie
lauter geschrien hast, lauter, immer lauter.
Und jeder Schrei bedeutet Verfall.
Du verstummst und hältst dir deine Ohren zu,
doch die Schreie sind in dich
hineingekrochen.
Du ziehst dich aus dir heraus,
doch sie verfolgen dich.
Du drehst dich im Kreis
und die Schreie folgen dir weiter, immer
weiter, bis zum Schluss.
                    Das denkst du.
Und dann schaust du dich um
und siehst nur Horizont, siehst das Ende,
immer nur das Ende. Bis du erkennst,
dass du den Anfang fast vergessen hast,
er verblasst mehr und mehr, immer mehr.
Das letzte, immer das letzte, an das du dich
erinnern kannst, das ist das Gefühl,
als du ein Gefühl mit Kreide
auf den kalten Boden unter dir maltest.
Es war ein Original. Keine Kopie
einer Kopie einer Kopie.

Du denkst, es war der Regen, der es
wieder weggewaschen hat, der Regen,
der am Horizont eine wunderschöne
Liaison mit der Sonne eingegangen ist.
Bis du erkennst,
dass es deine Tränen waren.
Du fragst dich, ob es nicht Sinn ergäbe,
einfach aufzuhören mit allem,
dem Weitergehen, dem Umdrehen,
dem Stillstehen, dem Schweigen,
dem Schreien und den Wiederholungen,
einfach aufhören mit dem Warten
auf das nächste Original. Bis du erkennst,
dass es das Denken ist, das dich quält,
immer wieder quält, dort, wo du bist,
in der Mitte des Lebens.
Es ist nur ein einziger Gedanke,
den du denkst und du denkst, er ist ein
Original. Bis du erkennst,
er ist nicht mehr als eine Kopie einer Kopie
einer Kopie eines Gefühls. Und jedes
Gefühl bedeutet Verfall.
                    Das denkst du.
Und obwohl du noch lange nicht
am Ende bist, denkst du beständig vor,
fühlst immerzu zurück, solange,
bis dein Denkmal steht. Und fällt.
Ein Original. Zerdacht. Verfühlt.
Und totkopiert.
                    Das fühlst du.

Am Ende
etwas Brauchbares

Am Ende etwas Brauchbares,
das wünschte sie sich,
obwohl sie beides gar nicht definieren konnte.
Wann ist es das Ende? Wann weiß man,
dass es das Ende ist?
Und was sollte man dann noch brauchen?
Plötzlich war dieser Denkdruck wieder da.
Wie eine Made in den Speck
kroch er in sie hinein und ließ sich,
vermutlich freudig erregt, in ihr nieder.
Vielleicht beginnt das Ende
in diesem Augenblick?
Erschrocken schloss sie ihre Augen
und kniff sie so fest zusammen,
dass sie Sternchen sah.
Vielleicht wäre es vorbei,
wenn sie ihre Augen wieder öffnete? Was?
Der Anfang vom Ende? Das Ende selbst?
Was würde sie dann noch erleben,
wenn es vorbei war?
Sie würde ihre Augen
einfach für immer geschlossen halten.

Das Denken hörte nicht auf.
Etwas Brauchbares war am Ende nicht dabei.
Noch nicht.

Du|Insel|Stein|Staub

Du. Die Anderen.
Die Wahrheit. Seit Jahrtausenden an der
Wand des Bewusstseins haftend,
schreibt sie ein Lied für dich.
Es handelt von Demut und Lobpreisung.
Wenn du es anstimmst,
verwandelt es sich in ein Klagelied.
Du.
Allein auf einem Stein, um dich herum
das Meer. Ein trauriges Gewässer
aus Tränen, die dir fremd erscheinen.
Du kannst dich nicht erinnern,
dass du weintest.
Die Wahrheit. Eine verpisste Lache,
die aus den Poren der Anderen
 gedrungen ist. Eine Kotzbrühe
aus ehemals festen Brocken,
die sich aus sich selbst heraus zersetzen,
obwohl es ihnen doch verboten wurde.
Bis zur Unkenntlichkeit eingeschleimt
schwappt dazwischen Sehnsucht
hin und her. Nur du kannst sie noch sehen.
Es schaut ja sonst kein Anderer nach ihr.
Die Anderen, die du nicht bist.

Du.
Harrst aus, bedauerst, klagst
und verschwindest in Erinnerungen.
Vieles steht still, nur Mauern
wachsen aus deiner Haut.
Schief und krumm türmen sie sich auf
und lassen eine alte Saat aufgehen.
Ein noch älteres Lächeln klebt
wie fauler Schaum in deinen Mundwinkeln.
Du. Insel.
Strömungen treiben Fettaugen zu dir herüber
und du siehst Mut in ihnen funkeln.
Er zwinkert dir zu, aber du bittest ihn,
es sein zu lassen. Brandung frisst sich
in dein Fleisch und nimmt dir,
was nie dein Eigen war.
Es waren unerwünschte Leihgaben
der Anderen, die sich davon
im Überfluss laben.
Sie sammeln sich in ihren dicken Bäuchen,
die zu später Stunde explodieren.
Halb verdaute Überreste prasseln lautlos
auf dich nieder. Du nimmst nicht,
was du kriegen kannst. Du willst nur,
was dir keiner gibt. Die Stille trifft dich schwer
am Schädel und reißt die Narbe auf.

Das Trauma rauscht heraus
und hinterlässt blutige Spuren
in deinem Gesicht. Du folgst ihnen
bis zur Mündung. Doch deine Zunge
ist verschwunden.
Sie hängt zum Trocknen
auf irgendeiner Leine.
In einem anderen Land.
Die Kraft deiner Gedanken nutzt du nicht
und wirst zum stummen Stein.
Im Sud der Ignoranz der Anderen
weichen deine Ecken.
Deine Kanten werden rund.
                    Du. Stein.
Du wanderst durch Menschenhände,
wirst eingesammelt, eingetütet, ausgestellt.
Du verweilst in manchen Hosentaschen
oder wirst achtlos weggekickt.
Manchmal glitschst du über Oberflächen,
bevor du tief sinkst. Hin und wieder
nimmst du den Platz von Herzen ein
oder ruhst dich in Brettern aus.
Die Wahrheit ist der Stein des Anstoßes.
Die Anderen stoßen sich daran,
du reibst dich an ihr. Zermahlst sie in
abertausend Stücke,

bis du selbst zum Staubpartikel wirst
und dich unbemerkt verteilst.

Du. Staub.

Du legst dich auf wundgeschriene Lungen
und offen liegende Wunden,
die du entzündest oder heilst.
Was auch passiert,
es bleibt wie du ganz unbemerkt.
Schon längst bist du verschwunden.
Du reitest auf dem Wind,
der dich in dunkle Ecken weht
und ihren Blicken entzieht.
Blicke, die ohnehin nicht fallen,
sondern nur streifen.
Du bestehst fort, wo sie nicht bleiben wollen,
und wirst zum Wächter,
der nichts von Wert bewacht.
Dort wo sie ihre Urteile aufbewahren.

Du.

Tief getroffen. So tief, dass die Mühe
nicht lohnt, sich danach zu bücken.
Manche Wunden sind selbsterklärend.
Diese schreit dich an. Doch am Ende
des Tages wirst du dich ihr stellen müssen.
Der Wahrheit der Anderen, die du nicht bist.

Du. Insel.

Stein. Staub.

Dunkelkammer|Licht

Im Dunkeln siehst du sie nicht tanzen.

Du hörst ...
das Rascheln ihrer Gewänder,
das Trippeln ihrer Füße,
das Flattern ihrer Flügel
und den samtenen Singsang
ihrer Kehlen.
Du weißt nicht,
ob es Engel oder Götter sind,
und bittest mich,
ihnen zu lauschen.

Ich höre ...
das Rascheln ihrer Haut,
das Scharen ihrer Hufe,
das Klappern ihrer Mahlwerkzeuge
und das heisere Kreischen
ihrer Schlünde.
Frage mich nicht,
wer sie sind,
sonst müsste ich dir sagen,
wer dort im Dunkeln
für dich tanzt.

Eckpfeiler

Ein
Herz
Hat
Keine
Ecken

Doch
Manchmal
Muss
Ein
Kleines
Eck
Dort
Langen

♥

Einfach
Da

Von jetzt auf gleich.

Wir wussten nicht, woher der Regen kam.
Und auch nicht, wohin er einmal wollte.
Plötzlich war er einfach da.
Er setzte ein, als die Sonne hoch
am Himmel stand. Ein warmer Regen,
der keine Spuren hinterließ.
Doch er war da gewesen,
wir konnten ihn noch riechen.
Der Duft des Vergangenen
vermischte sich mit dem Geschmack
nach irgendeiner Art von Zukunft.
Aber der Hunger vernebelte uns die Sinne
und anstatt das Brot zu essen,
ließen wir es fallen, Stück um Stück,
Schritt für Schritt.
Brotkrumen als Opfergaben
für die Lust der Gegenwart.
Dann kamen die Vögel
und pickten sie auf.

Wir wussten nicht, woher die Vögel kamen
und auch nicht, wohin sie einmal wollten.
Plötzlich waren sie einfach da.
Sie flogen über uns hinweg,
als wir uns liebten. Ein wirrer Schwarm,
zu schnell, um ihm zu folgen.
Doch sie waren da gewesen,
wir riechen sie noch.
Und all die Scheiße,
die sie hinterließen.
Halbverdaute Brotkrumen,
die bis zum Himmel stinken
und weit hinein bis in die Hölle,
in der wir plötzlich schmoren.

Wir wissen nicht, woher wir kamen
und auch nicht, wohin wir einmal wollen.
Wir sind einfach da.
Und warten auf irgendeine Art von Regen,
der den Schmutz der Gegenwart fortspülen
und das Höllenfeuer löschen wird.

Doch dann kam der Sturm.

Ein kurzer Text über Verlust

Irgendwie verbringen wir den Tag.
Dürre Worte, die das geliebte Herz
nicht mehr hört. Schmale Taten,
die das geliebte Herz nicht mehr sieht.
Irgendwie verbringen wir die Nacht.
Kämpfen ohne Gegner.
Tanzen ohne Musik.
Irgendwie verbringen wir das Leben.
Zufrieden mit Wenig.
Glücklich mit Nichts.
Irgendwie überleben wir den Tod.
Trauern mit Liebe.
Weinen ohne Schmerz.
Irgendwann.

105 ErWachsen

Wenn wir nicht groß werden wollen,
brauchen wir auch nicht wachsen.
Wir müssen uns nicht recken und strecken,
weil ja andere sich
zu uns hinunterbeugen werden.
Doch wenn wir klein bleiben,
werden wir niemals GROßARTIG sein.
Das müssen wir halt wissen.

106 Es war so schön

Es war schön, als es aufhellte.
Dann kam die Wahrheit und tat uns weh.
Wahrheit wurde Wissen, tötete Glauben,
entzauberte Illusionen,
eliminierte Hoffnungen, zerstörte Träume
und setzte Wünsche ins rechte Licht.
Der Spot ging an und die Wahrheit
warf so lange Schatten
wie ein großer, alter Baum.
Wahrheit wurde Macht und uns schwarz vor
Augen. Ohnmacht. Jetzt ist es nicht schöner.
Aber im Dunklen wirft die Wahrheit keine
Schatten. Im Dunklen tut das niemand.

Faden
Schein

Er ist wieder da.
Er weiß
meine Gedanken,
bevor ich
sie denke.
Er ist
der rote Faden,
der sich
durch mein Leben
zieht.

Ich bin
wieder verschwunden,
bevor er
meine Gedanken
errät.
Ich bin
der rote Faden,
der sich
durch mein Leben
zieht.

Ein langes
Tränenleben

Es begann ohne Vorwarnung.

Wir alle haben in diesem Leben
nur eine verbindliche Verabredung.
Der Knochenmann hatte vielleicht
gerade Lust auf Dich,
lange vor der Zeit,
mitten in unserem Leben.

Aus Tränentagen
wurden Tränenjahre.
Der Knochenmann lachte
sich ins Fäustchen,
weidete sich an unserem Leid
und beschert uns natürlich ...
ein langes Tränenleben.

Zwischen den Tagen,
zwischen den Jahren,
zwischen den Tränen,
mitten im Leben, ja,
da ist es manchmal schön.

Flucht
Weg

Wenn du immer auf der Flucht bist,
dann läufst du, dann rennst du,
dann schaust du kaum zurück,
nur dich um, zum nächsten Fluchtpunkt,
du musst ihn unbedingt erreichen,
also läufst du weiter, rennst, ganz gleich
wie sehr dein Atem in deiner Lunge brennt,
löschen kannst du später noch, nur weg,
nur fort von all dem, ja vor was, egal,
du läufst und rennst davon, vor dem
Vergessen, oder ist es die Erinnerung,
du rennst und läufst,
denn dann geht das Denken nicht
oder es tut dir wenigstens
nicht so sehr weh, du rennst und läufst
und hörst nicht zu, du sagst schon lange
nichts mehr und siehst nichts, außer dich
auf deiner Flucht, das ist alles, was zählt,
so lebst du dich, so bewegst du dich,
nur weg, nur fort von all dem,
was du verloren oder nie besessen hast.

Wenn du immer auf der Flucht bist,
dann wirst du dich niemals finden.
Das weißt du und deshalb läufst du,
deshalb rennst du,
deshalb hörst du nicht mehr,
was das Leben dir zu sagen hat.

Du bist schon wieder weg.

Free|Falling

I'm falling.

From happiness
to sadness
and back
into happiness
into sadness

again
and
again

over
and
over

again.

And that is why
I'm happy
when I'm sad
and sad
when I'm happy.
Because nothing
lasts forever.

Nothing.

Really
nothing.

Nothing
lasts
forever.

I'm flying.

Away.

110 G4|Teilt

AllesSeinIst
FeuerWasserLuftUndErde
Alles | IchBin
GlutStrömungWindUndFels
Alles | WirSind
FlammenStrudelSturmUndSumpf
Alles | SindWir

SollDasWirklichAllesSein?

111 Geh|Weg

Manchmal muss man sich umdrehen,
um den Weg vor sich zu entdecken.

112 Gewinn und Verlust

Manchmal gewinnt man.
Und ist trotzdem nicht glücklich.

Manchmal verliert man.
Und ist trotzdem reicher geworden.

Haus
Gemacht

Vielleicht war es das Haus. Und sie.
All die Toten in ihm.
Im Keller die verdorrten Seelen
kühner Träume.
Umgeben von Erde, die nie verbrannte,
obwohl wir sie ständig entzündeten.
Ein Schornstein, der nie rauchte,
doch Flammen schlug bis zum Horizont.
Dazwischen wir und einsame,
von Beginn an zum Scheitern
verurteilte Schattenkämpfe in jedem Raum.
Ein Garten, in dem Knospen sprießten,
aus welchen nur schon verdorrte Blüten
zum Leben und Sterben erweckt wurden.
Blutgetränktes Land, auf das wir bauten.
All die Phrasen,
an denen wir uns entlanghangelten.
Worte, so morsch
wie abertausend Jahre altes Holz,
mit dem wir die tragenden Wände
unserer Wahlheimat errichteten.
Ganz sicher war es das Haus. Und es.
All das Tote in uns.

Heiter bis wolkig

Vielleicht
Regen
Vielleicht
Sonnenschein

Vielleicht weißt du erst,
wie reich du bist,
wenn du begriffen hast ...
dass keine dunkle Wolke ewig bleibt.

Vielleicht weißt du erst,
wie reich du bist ...
wenn Sonne langt,
um Glück zu spüren.

Vielleicht weißt du erst,
wie reich du bist ...
wenn du mit dir allein sein kannst.

Du hast es vielleicht
schon immer gewusst
und hast dir bloß
nie richtig zugehört.
Vielleicht ...

Herzkammer|Ton

Du kannst auch leise leben,
wenn du
deinen Weg gefunden hast.

Nur lieben, das musst du laut,
wenn du
deine Melodie gefunden hast.

Heiß|Kalt|Verknotet

Das ist so,wenn man Glück
nicht in sich festhalten kann.

Ich schaue sie mir an, diese Stelle,
auf der du stehst, auf der du trittst,
diese Stelle, an der du sterben möchtest.
Ich lege meine Hand auf sie
und verstehe nicht, was es ist,
das ich dort spüre.
Wie kann es so heiß
und kalt zugleich sein?, frage ich dich.
Das ist so, wenn man Glück
nicht in sich festhalten kann, erwiderst du
und es klingt wie auswendig gelernt,
runtergeleiert, konditioniert.
Rede dir das nicht ein,
will ich dich besänftigen,
doch dann spüre ich es selbst.
Zuerst nehme ich nur
leichte Vibrationen wahr,
ein Donnergrollen aus weiter Ferne.
Die Haut,
aus der du so gerne fahren möchtest,
die Haut, die du immer wieder
abzustreifen versuchst, schlägt Wellen.

Der Orkan, der in dir brodelt,
beginnt zu röcheln
und ich werde Zeuge seines Ausbruchs.
Dann spuckt er kleine Kugeln aus,
doch sie finden keinen Ausgang, prallen ab
an deiner dünnen Haut, in die alles eindringt,
aber nichts hinaus. Seltsamerweise
verstehe ich das. Du hast ja sonst nichts
und an irgendetwas muss sich jeder nähren.
Du bist dein eigener Wirt
und deine heißkalten Gefühle,
die sind auf absurde Weise dein Lebenselixier.
Auch 'n Schluck?, fragst du mich trocken
und weil ich nicht weiß, was ich sagen soll,
schüttele ich bloß mit dem Kopf.
Doch du machst daraus ein Nicken,
zapfst dich an und lässt mich
direkt aus deiner Quelle trinken.
Nie schmeckte Erkenntnis bittersüßer.
Die Kugeln haben sich inzwischen
zu Knoten manifestiert und ich frage mich,
wie schmerzhaft sie wohl sein mögen.
Es tut kaum noch weh, beantwortest du
mir meine nicht gestellte Frage.
*Wann gehen sie wieder weg? Wie
verschwinden sie?*, will ich von dir wissen.

Früher oder später, sagst du leise,
lösen sie sich wieder auf. In Luft.
Als wären sie nie da gewesen.
Meine Hand ruht noch immer
auf der Stelle, als ich nachfrage:
Wann wird das sein?
Wenn ich ein Bonbon bekomme,
antwortest du und dann lachen wir beide,
bis uns Tränen aus den Augen kullern.
Die Knoten verschwinden,
wenn ich für einen
oder mehrere Momente glücklich bin.
Bei diesen Worten lächelst du sogar
ein bisschen und ich entdecke
ein zaghaftes Funkeln in deinen Augen.
Ich spüre, wie sich ein paar Knoten
unter meiner Hand auflösen. Ich hoffe,
dass es noch mehr werden,
doch dann ist es plötzlich wieder da:
Lautes Schweigen, stumme Schreie
und das Flackern in deinen Augen
wird stumpf.
Aber irgendwann, seufzt du,
ist jeder Drops gelutscht.

Ich weiß es

Ich weiß, es tut weh.
Das Zusehen,
wie sie einen Stein
auf den anderen setzen,
Häuschen bauen,
Schlösschen, Türmchen.
Lebensträume.

Ich weiß, es tut weh.
Das Spüren,
wie ein Traum
nach dem anderen
durch deine Finger rinnt,
Sandburgen zerfallen,
Kartenhäuser, Luftschlösser.
Lebensträume.

Ich weiß, es tut weh.
Sie haben alles und du nichts.
Lebensträume.
Ich weiß, es tut weh.
Das Nichtbegreifen,
wie viel reicher du bist.

Ich weiß es.

Immer

Du wirst immer schwimmen müssen.

An einem Tag wachst du in einem Meer
aus Tränen auf und wunderst dich,
dass die Welt noch da ist,
obwohl sie doch am Untergehen war.
An einem anderen Tag bestehen die Tränen
aus purem Glück.
Am Morgen ist es Meeresrauschen
und das Lied von Möwen,
das dich glücklich macht.
Am Abend ist es das Geräusch
Blut sprudelnder Wunden,
die du für längst verschlossen hieltest,
das dich in den Wahnsinn treibt.
Was immer es ist, süßer Nektar oder fauler
Sud, du wirst immer
darin schwimmen müssen.
Manchmal kannst du dich treiben lassen
und wenn dich das glücklich macht,
dann spiele toter Mensch und schwappe auf
der Oberfläche deines Lebens hin und her.
Wenn dir das nicht reicht, dann tauche ab,
tief auf den Grund. Aber sei schlau
und wühle ihn nicht zu sehr auf,

sonst wirst du außer Schlamm
rein gar nichts sehen. Vergiss nicht,
dass dir nur wenig Zeit dort unten bleibt,
und tauche rechtzeitig auf, bevor du
aufgebläht, weil tot, nach oben treibst.

Falls du einen Schatz gefunden hast,
dann schau, ob du ihn transportieren kannst
oder ob er dich nach unten ziehen wird.
Vielleicht findest du eine Boje,
die dir Halt gibt. Dann atme durch.
Doch denk daran, dass sie, fest verankert
im Meeresboden,
dich vom Schwimmen abhält,
und das solltest du nicht verlernen.
Denn du wirst immer schwimmen müssen.
Halte dich an ihr fest, solange du magst,
oder schwimm einfach davon. Sag nicht,
es wäre kein Land in Sicht. Wo Meer ist,
muss auch Land sein,
an dem die Wellen brechen können.
Und dahin wirst du schwimmen müssen,
wenn du des Schwimmens müde bist.

Irgendwann

Irgendwann,
wenn wir schweigen.
Der Tag,
an dem wir
nichts mehr sagen.
Der Tag,
an dem wir
nichts mehr fragen.
Das ist der Tag,
an dem wir
alles
verstanden haben.

Oder nichts.

Dann leben wir
ein anderes Leben.
Sprachlos.
Fraglos.
Tot.
Irgendwann.

120 Kampf
Lust

Die Sonne verhieß so viel Gutes
wie die dunklen Wolken,
die sie zu verschlucken drohten,
Böses prophezeiten.
Der Kampf ruhte.
Und das war gut.
Enden würde er nie.
Das war noch besser.

121 [k]Ei[n]Land

Ich bin eine Insel.
Ich war, ich bin, ich werde
immer eine Insel sein.
Dazwischen war ich Festland
und auch ein Mal Meer.
Als Land war ich zu gefangen, als Meer zu frei.
Also wurde ich ein Boot, im Hafen zu sicher,
im Meer zu wild.
Ich zerschellte an den Klippen einer Insel,
die ich war, die ich bin und immer sein werde.
Ich liebe das Geräusch meiner Brandung.

Lebenszeichen

Wir stehen still.

Es geht rauf und runter,
Türen öffnen und schließen sich,
Menschen steigen zu und wieder aus.
Manche wollen nicht mitfahren,
weil es gerade abwärts geht,
andere genau deswegen.
Aber die meisten wollen nach oben,
nach ganz oben.
Wir wissen nicht,
wohin wir wollen,
nur dass wir runter müssen,
nach ganz unten.
Der Müll muss raus,
der ganze Dreck muss weg.

Wir stehen still.

Erstarrt und kalt wie tot.
Für freundliche Menschen
graben wir ein altes Lächeln aus.
Die Unfreundlichen merken nicht,
dass sie es sind.

Wir beobachten Menschen,
die sich panisch
nach ihrem Schatten umdrehen,
vor dem sie vermutlich
Zeit ihres Lebens flüchten,
und fragen uns,
warum sie nicht über ihn springen.

Über all die Gedanken
vergessen wir das Aussteigen
und fahren die ganze Runde
noch einmal.
Erst wieder rauf,
nach ganz oben,
dann wieder runter,
nach ganz unten.
Menschen steigen zu
und wieder aus.

Wir stehen still.

Und bewegen uns doch.

Liedermacher

Wenn niemand bemerkt,
dass du hier bist,
könntest du genauso gut gehen.
Doch wenn niemand bemerkt,
dass du weggehst,
kannst du ebenso dort bleiben.
Bleibe einfach da stehen
mit deinen Träumen
und deinen Liedern.
Schaue nicht hin,
wenn deine Träume platzen.
Sei lieber froh, dass du
sie nicht mehr träumen brauchst,
wenn du sie nicht leben kannst.
Träume sie zu Ende oder aus,
bevor du mit ihnen untergehst.
Doch spiele immer deine Lieder,
ganz gleich, ob jemand zuhört
oder nicht.
Denn wenn dir keiner lauscht,
dann kannst du spielen, was du willst.
Sei leise, sei laut, aber höre nie auf,
deine eigenen Lieder zu singen.
Auch wenn sie nur von geplatzten
Träumen handeln.

Mehr
Meer

Aufgewacht.
Zu früh,
zu spät,
irgendwann.
Gerade so ist die Welt noch da.
Oder etwa nicht?
Man weiß nicht,
ob sie sich
aus den Schatten
der Nacht hervorkämpft
oder im Nebel
des Nichts verschwindet.
Es riecht nach Meer,
das meilenweit
entfernt sein müsste.
Aber es riecht nach ...

... so viel mehr.

Mehr Wert

Wir wissen,
eines Tages
werden wir uns
das Leben
genommen haben
oder es wird uns
genommen worden sein.
So oder so.

Wir wissen,
wir werden nicht
alles getan haben,
was wir tun wollten.
Wir wissen,
wir werden nicht
alles gesehen haben,
was wir sehen wollten.

Doch wir wissen,
wir werden alles
gefühlt haben,
was ein Mensch
fähig zu fühlen ist.

Einige dies.
Andere das.
Manche alles.

Kummer, Schmerz, Leid.
Hunger, Hitze, Kälte.
Sehnsucht, Verlangen, Hingabe.
Verlust, Trauer, Tod.
Armut, Reichtum, Zufriedenheit.
Hass. Freundschaft. Verrat.
Bedingungslose Liebe.
Friede, Freude, Eierkuchen.
Was will Mensch mehr?
Wir wissen es nicht.

So oder so.

Narben

... sind Erinnerungen.
Narben erzählen Geschichten.
Narben sind die Moral
und die Opfer,
die erbracht werden müssen,
wenn Geschichten
erzählt werden wollen.
Und das wollen sie alle.
Erzählt werden.
Geschrieben werden.
Gelesen werden.
Erlebt werden.
Gefühlt werden.
Nicht vergessen werden.
Deshalb heilt keine Wunde
narbenlos ...

Nach dem Kampf

… ist vor dem Kampf …

Warum das Messer aus dem Rücken ziehen
oder wo immer es auch stecken mag?
Warum nicht hoffen …
wo schon eine Wunde ist,
wird schon keiner
eine Schneise schlagen?

Warum nicht liegenblieben,
wenn allein das Aufstehen …
das nächste Fallen auslöst?
Warum überhaupt noch Wunden lecken,
anstatt einfach weiter bluten?

Warum noch reden?
Warum noch hören?
Warum noch fragen?
Warum noch klagen?

Warum noch fühlen?
Warum Prophezeiungen
nicht selbst erfüllen?

Nach dem Kampf ist
… vor dem Schweigen …

Obligat

Wusstest du,
dass das Ende eines Tages nicht bedeutet,
dass er aufhört zu sein?
Und dass der Vogel nicht so früh dran ist,
um den Wurm zu fangen,
sondern er der Erste war,
der der Nacht entkommen konnte?

Ich wusste das nicht.
Ich habe schlichtweg geglaubt,
was sie uns erzählten.
Dann erfuhr ich,
dass auch ein Rückzug irgendwohin fährt.
Und wahrscheinlich exakt dort ankommt.

Wusstest du,
dass das Ende eines Lebens nicht bedeutet,
dass es aufhört zu sein?
Und dass die Monster
sich nicht unter deinem Bett verbergen,
um dir aufzulauern,
wenn die Nacht anbricht,
sondern um sich vor dir zu verstecken?

Ich wusste das.
Ich habe nie geglaubt,
was sie uns erzählten.
Dann erfuhr ich,
dass ein Rückzug
auch nur auf Schienen fährt.
Und dass sie wahrscheinlich logen,
als sie sagten,
Entgleisen sei nur optional.

Weißt du noch,
dass wir sie nie fragten,
ob das Ende einer Nacht bedeutet,
dass ein neuer Tag anbricht?
Und dass wir niemals
von ihnen wissen wollten,
ob der Tod unendlich ist?
Wahrscheinlich weil wir ahnten,
dass sie lügen würden.

Oh
Töne

Knirschen.
Knarzen.
Krachen.

Schinden. Quälen. Strafen.
Beklagen. Zetern. Schrei'n.
Verstört. Zerfetzt. Bekümmert.
Entweiht schlafen wir ein.

Knirschen.
Knarzen.
Krachen.

Ringen. Hadern. Verzagen.
Erinnern. Vergessen. Verzeih'n.
Geschlagen. Ertragen. Erneuert.
Entzweit werden wir nie sein.

Plan-B-Stimmung

Es war
nicht heute.
Es war
nicht gestern.

Es war irgendwann ... in der Vergangenheit.
Wie ist es um den Menschen bestellt,
der die Zukunft nur erträgt,
wenn er zurückschaut, gen damals,
als alles so viel besser war.

Da war mehr Schein als Sein
und das begreift er nun. Aber nicht,
dass er es gegenwärtig nur verstehen kann,
weil er einfach weiterging.
Und nicht, dass das vor ihm Liegende,
nicht mehr ist als ein Schatten
der Vergangenheit,
den er selbst vorauswarf. Das war
irgendwann.

Gestern.
Heute.
Jetzt.

Nicht.

R-Trag|Weite

Kein Mensch
kann einem Anderen
die Tragweite
dessen
Handelns und
Nichthandelns
erklären,
wenn er ihn nicht los
und laufen lässt.

Weg,
weit weg,
so weit weg,
so weit
die Füße ihn tragen werden,
bis dass er
aus der Ferne
selbst erkennt,
was er in der Nähe
unertragbar
angerichtet hat.

Schlagworte

Es gibt immer
irgendetwas,
auf das sie dich
festnageln wollen.
Ein Wort.
Ein Satz.
Ein Schweigen.
Ein Nagel in jedes Gelenk.
Und dann fragen sie dich,
warum du dich nicht mehr bewegst
und lachen dich aus,
weil aus deinen zugenähten Lippen
nur Gestammel dringt.
Du kannst dich nicht mehr regen,
es bleibt dir nur dein Herz,
das schlägt
und schlägt
und schlägt
und ...

Selbst-R-Findung

Heute habe ich gedacht,
ich erkenne mich nicht wieder.

Was voraussetzen würde,
ich hätte irgendwann
einmal gewusst,
wer ich war.

Doch ich kann mich nicht erinnern,
wer ich gewesen bin.

Vielleicht habe ich mich damals
einfach nur selbst ausgedacht?

Was spricht dagegen,
mich neu zu erfinden,
wenn ich mich doch
ohnehin verloren habe?

Reflexion

Wir müssen uns die Sterne
nicht vom Himmel holen ...

... wenn die Blitze
nicht mehr in die Erde schlagen
und der Donner lautlos schlägt ...

... wenn der Mond
die Gezeiten nicht mehr lenkt
und die Sonne nicht mehr wärmt ...

... wenn der Regenbogen
seine Farben verliert
und die Wolken
ein einziger Himmel geworden sind ...

... wenn es Blut ist,
das aus ihm tropft
und der Regen aus dem Herzen fließt ...

... dann müssen wir uns
die Sterne nicht mehr vom Himmel holen,
wenn sie nur noch dazu dienen,
uns ihre Zacken ins Herz zu rammen.

Sag was Liebes

Sag mir nie, dass du mich liebst …
wenn du nicht weißt,
was Liebe für dich ist.

Sag mir nie, dass du mich liebst …
damit ich nicht erwarte,
dass du es tust.

Sag mir nie, dass du mich liebst …
sonst nimmst du mir die Hoffnung,
dass du es eines Tages tust.

Sag mir nie, dass du mich liebst …
damit ich nicht ertragen muss,
wenn du es eines Tages nicht mehr sagst.

Jung und
wild waren wir

Jung und wild waren wir,
unverdorben, unverloren.
Wir sangen unsere Lieder,
immer wieder aus Herzenslust,
ohne Herzensfrust.
Die Liebe duftete frisch und neu,
wie frisch gemähtes Heu,
wir waren wie Schmetterlinge,
wir kümmerten uns nicht
um Alltagsdinge.
Wir waren pure Leichtigkeit,
zum Brennen geboren und so bereit.
Wir kannten keine Sorgen,
wir dachten nicht an morgen,
mit naiver Überheblichkeit
feierten wir die Unendlichkeit,
voller Inbrunst gaben wir uns
dem Leben hin,
bis der Erste von uns ging,
bis das verfluchte Morgen kam,
und uns erbarmungslos mit sich
ins echte Leben nahm.
Jung und wild waren wir.

Schrei[b]Blockade

WIR waren wie Gefäße,
bis zum Rand gefüllt mit schierer Energie.
Wir gossen uns ineinander, leerten uns aus
und füllten uns wieder auf. Immer wieder.
Mal flossen wir rasant und turbulent
wie Wildwasser, mal plätscherten wir
gemächlich umeinander herum.
WIR WORTE waren Streicheleinheiten.
Wir umgarnten uns und wickelten uns
in Verheißungen. Kaum ein Tag verging
ohne ein erregendes Gewitter.
Wir prasselten wie warmer Platzregen
auf uns hinab, nur um uns anschließend
mit Sonnenstrahlen zu trocknen.
Stets waren wir Wind oder wenigstens
ein laues Lüftchen, das niemals
die Existenz des Anderen vergessen ließ.
Zufrieden seufzend drehten wir uns
beglückt im Kreis und gestalteten
aus jedem Ende einen neuen Anfang.
Schwindelig und von Sinnen ließen wir uns
freien Lauf, nicht ahnend, dass wir
gegenseitig längst an langen Leinen liefen.
WIR sahen und spürten sie nicht bis zu dem
Tag, an dem wir so wild tobten,

dass sie sich miteinander verknoteten.
Schlagartig waren wir uns nah. So nah,
dass argloses Spielen kaum noch möglich war.
So nah, dass Worte plötzlich
feine Widerhaken bekamen
und halbherzige Ausweichversuche
das Band der Zuneigung fest verknüpfte.
WIR wurden wie langhalsige Vasen,
die ins Wanken gerieten.
Wir stießen aneinander, fielen um
und rappelten uns wieder auf. Immer wieder.
Mal schnellten wir pfeilschnell nach oben,
mal blieben wir zunächst für einige mehr
oder weniger lange Augenblicke
hin und her kullernd liegen.
Es änderte nichts daran,
dass wir uns mit Rissen überzogen.
WIR WORTE wurden Waffen.
Wir verstrickten uns und wickelten uns
in Drohgebärden. Kaum ein Tag verging
ohne ein aufbrausendes Unwetter.
Wir prasselten wie eisige Hagelkörner
auf uns ein und ließen uns anschließend
im Regen stehen. Stets waren wir Sturm
oder wenigstens ein frostiger Wind,
der niemals die Existenz des Anderen
vergessen ließ.

Mürrisch ächzend drehten wir uns
unglücklich im Kreis und jagten
jeden Anfang dem Ende zu.
Aufgebracht und sinnbefreit warfen wir
uns Steine in den Weg, sehr wohl wissend,
dass sich aus langen Leinen
längst Schlingen geformt hatten.
Wir sahen und spürten sie genau bis
zu dem Tag, an dem wir sie uns
um unsere Hälse legten und so fest daran
zogen, dass wir kaum noch atmen konnten.
Schlagartig waren wir uns fremd. So fremd,
dass Spielen keine Option mehr war.
So fremd, dass Worte plötzlich
zu grobschlächtigen Eindringlingen wurden
und radikale Ausweichversuche das Band
der Zuneigung zerriss.
WIR sind wie verwitternde Papierbecher,
die nur noch zaghaft ihrem Schicksal
trotzen. Wir liegen nebeneinander,
aufgeweicht, vergehend und klagend.
Immer wieder. Mal schreien wir lauthals
unseren Zorn hinaus, mal weinen wir
stumme, bittere Tränen. Es ändert nichts
daran, dass wir IRGENDWANN
und IRGENDWO verrotten werden.
Wir. Worte.

Zum Glück
kein Glück

Zum Glück
fehlt mir
kein Glück,
sinnierte das Glück
und liebte sich selbst.

Hast du ein Glück,
seufzte die Liebe
unbeglückt
und stürzte sich
ins Unglück.

Schwarz
Seherei

Der schwarze Teil des Lebens kommt –
nicht in der Nacht. Er entsteht im Kopf,
ganz gleich zu welcher Tages- oder
Jahreszeit. Oder im Herz,
wenn es so viel zu sagen hat,
dass es sich selbst überschlägt.

Der schwarze Teil des Lebens kommt –
wie ein Wort, zur falschen Zeit gesagt
oder ein Lied,
im falschen Augenblick gehört.
Wie ein Duft, der unerwartet
in die eigene Atmosphäre strömt
und sich an totgewünschte
Erinnerungen dockt.

Wenn Bunt zu Grau wird und Grau
zu Schwarz. Wenn Oben zu Unten wird
und Kreise scharfe Kanten bekommen.
Wenn Blut zu stocken beginnt
und Atmen die Luft abdrückt.
Wenn Monster aus Traurigkeit
zu schmatzen beginnen
und ihnen das Wasser
in ihren stinkenden Mäulern
zusammenläuft.
Wenn der Verstand gedenkt,
sich gegen sich selbst zu richten
und zu ihrem Verbündeten wird.

Der schwarze Teil des Lebens kommt –
immer unerwartet, immer unerwünscht,
immer wieder.
Und deshalb wird er niemals bleiben.
Aus Schwarz wird Weiß, wird wieder Bunt.
Er geht so, wie er kam,
damit er wiederkommen kann.
Aber er geht.

Vorbei.

Segensreich

Da ist die Welt,
so groß und wild.

Und da sind wir,
zu klein und naiv,
um sie zu begreifen.

Vielleicht ist das ein Segen.

SevenWordsStory

EINES
TAGES
WIRD
DIESER
SCHMERZ
DIR
NÜTZEN

Sing
Sang

Er wollte immer nur das Eine.
Der Existenz einen Sinn abgewinnen
und sich ebenjenen einhauchen.
Zeichen setzen, Größe zeigen,
Spuren hinterlassen. Also ging er los
und spielte auf. Melodien aus Botschaften.
Als ob es um sein Leben ginge.
Es dauerte nicht lange, da folgte ihm
der Erste, Fußabdruck um Fußabdruck
setzte er seine Schritte exakt in seine.
Behutsam, ehrfürchtig, so dass es ihn
fast peinlich berührte.
Und doch glücklich machte,
sinnestrunken, sinnvoll zu sein.
Ein Zweiter und ein Dritter taten es
dem Ersten gleich und ihnen wiederum
folgten Tausende. Aber nicht alle taten das
sehr respektvoll. Manche waren so gierig,
dass sie blindlings losliefen,
seine Spuren verwischten und sie dabei,
im falschesten Sinne seiner Worte,
mit Füßen traten, was es denen hinter
ihnen erschwerte, ihm zu folgen.

Aus seinen Melodien wurden schiefe Töne
und seine Botschaften zu wirren Zitaten,
die er niemals unterschrieben hätte.
Schritt um Schritt zerstörten
die Wahnsinnigen sein Werk
und schnitten damit alle Wege ab.
Sie rannten und rannten voller Hingabe
und überbordender Leidenschaft,
so dass sie nicht bemerkten,
wie sie ihn überrannten,
ihn platt und dem Erdboden gleich machten.
Doch er ließ sich nicht unterkriegen,
rappelte sich auf, setzte neue Zeichen,
schritt neue Wege ab, kreierte neue Melodien
alter Botschaften. So lange,
bis all die Verirrten ihn wiederfanden
und ihm aufs Neue folgten.
Aber die Geschichte wiederholte sich
und am Ende war alles
schon einmal da gewesen.
Er begann, seine Spuren mit Blut zu füllen,
so dass sich die völlig Enthemmten
damit besudelten, sobald sie
mit aller Wucht hineinsprangen.
Doch es hielt sie nicht ab,
es erregte sie stattdessen,

und sie eilten ihm noch ungestümer hinterher,
bis erneut er es war, der wundwaid brachlag.
Irgendwann begriff er,
dass alles nicht mehr
als ein elendiger Kreislauf ist
und ebenjenes Elend, seiner Existenz
bizarrerweise die einzige Lösung bot.
Also folgte er seinen eigenen Spuren,
soweit er sie noch erkennen konnte,
denn manchmal befürchtete er,
er hätte sie verloren.
Doch auf die Wahnsinnigen war Verlass.
Auf ihrer Jagd nach ihm hatten sie
derart tiefe Schneisen
in sein Vermächtnis geschlagen,
dass es ihm ein Leichtes war,
ihnen und sich selbst zu folgen.
Am Ende seiner Reise war er wieder
am Anfang angelangt. Nach einer kurzen Rast,
die aus nichts bestand als der Abwägung
zwischen Leben und Tod, begann er,
seinen letzten Kreis zu ziehen.
Der Erste, der Zweite, der Dritte
und tausend Andere hefteten sich erneut
an seine Fersen. Sie sangen seine Melodien
aus seinen Botschaften,

doch ob sie sie verstanden, das wollte er
sich nicht mehr zugestehen, sie zu fragen.
Bald lief er nicht mehr voran,
sondern war nur noch einer von Vielen.
Immer wieder wurde er von den Gleichen
überholt und manchmal schlug ihm einer
im Vorbeigehen anerkennend auf die Schulter.
Doch keiner blieb stehen, niemand harrte
an seiner Seite aus.
Der Ursprungsmelodie wollte keiner mehr
lauschen, die Botschaften waren
zu verdrehten Alibis verkommen,
als ob es noch irgendetwas zu sagen gäbe.
Stumm ergeben ertrug er ihren Singsang,
den Lauf der Welt, seiner Existenz
und der Kreise, die jetzt sie für ihn zogen.
Andere liefen auf der Suche nach ihm
direkt an ihm vorbei und einer fragte ihn
sogar, ob er sich gesehen hätte.
Er zuckte mit den Schultern
und bedeutete dem Fragenden
mit einer Kopfbewegung nach vorne,
dass er irgendwo dort sein müsste.
Der Fragende bedankte sich
so überschwänglich,
als ob er ihn schon gefunden hätte.

Doch als er das nächste Mal
an ihm vorbeilief,
gab er ihm einen verächtlichen Schubs
und brüllte ihn an, wie dämlich er doch sei.
Vorfälle dieser Art und ähnliche
wiederholten sich Runde um Runde.
Irgendwann blieb er einfach stehen.
Er stellte sich in ihren Weg, zeigte ihnen
sein Gesicht und rief: *Hey! Hört auf, nach
mir zu suchen! Hier bin ich!*
Die Wenigen, die ihre Köpfe hoben,
warfen ihm bedauernde Blicke zu
oder lachten ihn aus und gingen weiter
ihre Wege. Er trat einen Schritt zur Seite,
verließ den ausgetretenen Pfad,
beobachtete sie und stellte
mit Erschrecken fest, dass selbst die Ersten,
die ihm gefolgt waren,
ihn nicht mehr erkannten.
Sie liefen ihre Runden,
kreisten um jemanden, den sie längst
vergessen hatten, kreisten,
nur des Kreisens wegen.

Sie hatten nur die eine Zeichnung
von ihm gesehen, das Bild jedoch
wollten sie selbst vollenden, völlig gleich,
wie er dabei empfindet. Er fragte sich,
wer wen auf die falsche Fährte gelockt hatte.
Dabei wollte er doch immer nur das Eine.
Der Existenz einen Sinn abgewinnen
und sich ebenjenen einhauchen.
Zeichen setzen, Größe zeigen,
Spuren hinterlassen.
Also ging er los und spielte auf.
Neue Melodien aus alten Botschaften.
Weil es um sein Leben ging.

.

Sonne, Mond und Sterne

In der Ferne viel zu nah.

Da war die Sonne,
so groß ...
dass du sie vor lauter Licht
nicht sehen konntest.

Dort war der Mond,
so unscheinbar ...
dass du ihn nicht wahrgenommen
hast.

Du suchtest nur die Sterne,
immer nur die Sterne ...
und hast nie begriffen,
dass sie das Dunkel brauchen,
um zu leuchten.

Sterbenswörtchen

Mucksmäuschenstill
verging ich mich,
verfing ich mich
im goldenen Singsang
deiner Worte.
Ich lauschte
und rauschte
durch ihren Schall.
Ich verehrte
und nährte
an ihrem Rauch.
Ich blühte
und glühte
für jedes Wort.
Ich glaubte
und raubte
mir Sinn und Verstand.
Bis ich
eigene Worte
dazu erfand.
Ja, ich will,
hauchte ich.
Da verließt
du mich.
Mucksmäuschenstill.

Still
Leben

Wäre sie immer leise gewesen,
wäre er niemals laut geworden.

Hätte sie ihn nicht gefragt,
hätte er niemals geantwortet.

Wäre sie nicht laut geworden,
hätte er sie nie zum Schweigen gebracht.

Nun ist es still um ihn.
Und sein Leben geht ...

... trotzdem weiter.

**Stich
Wort**

Manchmal ist es nur
ein einziger Satz ...
der ein liebendes Herz
erwärmt ...
nur ein einziges Wort ...
das ein Herz vor Glück
jubilieren lässt.
Und manchmal ist es
kein einziger Satz ...
der ein liebendes Herz
in Scheiben schneidet ...
kein einziges Wort ...
das ein Herz mit nur
einem Dolchstoß vernichtet.

Manchmal ist Schweigen
das tödlichste Stichwort.

Teufels Werk

Den Teufel malen,
wie er uns begegnet:
bunt und wunderschön.

Ein Tänzchen in Ehren
kann niemand verwehren,
so sagt man doch,
so dachtest du,
als er wahrhaftig
vor dir kniete
und um deine Hand dich bat.

»Ich bin der Teufel und ich fordere dich
zum Tanzen auf«, so sagte er mit Worten
eines Engels gleich. »Wenn du *Ja* sagst,
dann tanzen wir ein paar Tage
und ein paar Nächte,
vielleicht auch einige Sommer und Winter,
vielleicht für immer oder vielleicht
auch nur bis zum nächsten Herbst«,
so versprach er sich dir, »doch vergiss nie,
dass ich der Teufel bin, auch wenn du
in diesem Moment einen Engel
vor dir zu sehen glaubst.«

So tanztet ihr Tag um Tag,
Nacht um Nacht,
über alle Jahreszeiten hinweg,
drehtet euch ums Glück,
suhltet euch im Elend,
wieder und wieder
und zurück ins Glück.
Du und dein Engel,
der nie widersprach,
dass er doch
der leibhaftige Teufel sei.

So klage nicht,
wenn dein Herz in Flammen steht
und du dich schmorend
in der Hölle wiederfindest.
Für alle Ewigkeit.

The place to be

Von unten
geht es hinauf,
von oben
geht es hinab.
Der Weg ist
so oder so
der gleiche.

Bist du unten,
passiert dir dies,
bist du oben,
passiert dir das.
Was passiert,
ist so oder so
das gleiche.

So oder so
ist es heute egal,
wo du morgen bist,
solange du
einen sicheren Platz hast,
an dem du gestern
vergessen kannst.

Tragikomödie

Wenn du dich
eines Nachts fragst,
wie viel Unerträgliches
du wohl noch ertragen musst,
dann wirst du noch
sehr lange tragen können,
was dir viel zu schwer erscheint.

Wenn du dich eines Tages
nicht mehr fragst,
wie viel Unerträgliches
du wohl noch ertragen kannst,
dann wirst du
sehr lebendig sein.

Oder schon lange tot.

Traum A | Plan B

TraumHaus.
Das ist unser Haus.
Ein kunterbuntes Haus.
Hinter geschlossenen Türen und Lidern
tauchen wir es in unsere Farben.
Das ist unsere Welt.
Wie sie uns gefällt.
Das sind unsere Träume.
Das sind wir.
Ein kunterbuntes Haus.
TraumHaft.
Doch manche Träume
lieben uns nicht zurück.
Dann bleibt uns nur das Haus.
Aber immerhin ein Haus.
Das sind wir.
Ein graues Haus.
Wir schließen alle Türen
und unsere Lider
und leben uns
einfach weiter.
TraumLos.

Welt
All

Vielleicht hast du abertausend Wünsche
an die Welt und vielleicht glaubst du,
dies sei auch umgekehrt der Fall?

Stellst du dir vielleicht vor,
was sie sich von dir wünscht, diese große,
weite, gigantisch wunderschöne Welt?

Träumst du vielleicht davon, dass ihr euch
gebt und nehmt, hegt und pflegt, umhüllt
und liebkost ... bis ans Ende deiner Tage?

Vielleicht ist das so und vielleicht werden
all deine abertausend Wünsche
eines Tages Wirklichkeit.

Aber vielleicht hat sie nur einen einzigen
Wunsch und der lautet, dich zu fressen
und jeden Tag ein bisschen mehr
zwischen ihren Zähnen aus Zeit zu zermalmen
... bis dass der Tod euch scheidet,
diese kleine, enge, garstig hässliche Welt?

Im
Stimmengewirr

... gefangen im Stimmengewirr
gegangen und doch noch hier
verfangen
im ewigen Wir
Verlangen
nach dem Tier
in mir
das uns erlegt
und all diese Stimmen
die nie verklingen
die Leisen
die Lauten
dazwischen
das Wimmern
das Weinen
das Klagen
das Schreien
verzweifelter Fragen
all das Gekröle
die schiefen Töne
kommen aus mir
ich selbst
bin das verfluchte
Stimmengewirr ...

ALLES IST
NEHMEN UND GEBEN.
SO SAGT MAN ES.

ALLES SIND
GESCHICHTEN.
SO SAG ICH ES.

BIS ES
SICH WANDELT.
WEGNEHMEN
UND
GEBENLASSEN.
EINNEHMEN.
AUSNEHMEN.
HOCHNEHMEN.
VORGEBEN.
ABGEBEN.
ZUGEBEN.
ABSCHIED
NEHMEN.

BIS SIE
SICH WANDELN.
SCHICHT UM SCHICHT,
SEITE UM SEITE
NUR NOCH
GEHSCHICHTEN.
TAGSCHICHTEN.
NACHTSCHICHTEN.
GEHZEITEN.
WER BLEIBT,
KANN
NIEMALS
WIEDERKEHREN.

UM ZU VERGEBEN.
SICH.
ALLES.
NICHTS.

DAMIT EINE GESCHICHTE NICHT AUFHÖRT,
DARF SIE NIEMALS ERST BEGINNEN.

Das Beste zum Schluss: Aus|Scheidung

VIELLEICHT
sollten wir diese Wortwürste
nur als externes Ergebnis
des internen Gezänks
einer gefühlstodgeweihten Zynikerin
betrachten, die nichtsdestotrotz
ein gutes Herz ihr Eigen nannte,
aber sich dennoch entschloss,
ihre verbleibende Lebenszeit vor Untergang
des Abendlandes mit der Verknotung
von alten Gefühlen mit neuen Gedanken
und deren Verfassung
in verdrehte Wortwürste zu widmen?
Dann hätten wir einen kleinen Wortwurstring,
der sich schließen und offenbaren könnte,
dass jede AusScheidung nur
das externe Ergebnis mehr oder weniger
unverdauter EntScheidungen
hirntodgeweihter Gierschlunde ist.

VIELLEICHT auch nicht.

SprachLos.
Nun habe ich keine Worte mehr.
Ich bin ausverkauft. Ein leerer Krabbeltisch.
Alle Worte mussten raus und der Preis war heiß,
für jedes einzelne, so heiß.
Eins wie Keins zum Preis von Nichts.
Warum auch nicht?

Ich hatte es doch. Ich habe keine Gefühle mehr.
Ich bin ausgehöhlt. Kalt im Herz.
Alle Gefühle mussten raus und der Preis war heiß,
für jedes einzelne, so heiß.
Ich war so heiß und hätte mich sogar verschenkt,
hergegeben, einfach so.
Eine wie Keine zum Preis von Nichts.
Schlussverkauf am Krabbeltisch.
Warum auch nicht?

Ich hatte es doch. Den Rohstoff meiner Worte,
den Rohstoff meiner Gefühle,
der Stoff aus dem verscherbelte Träume sind.
Ich habe sie noch, ich bin es doch noch.
Eine volle Bonuskarte. Ich fülle mich wieder auf.
Warme Worte ins kalte Herz,
direkt in die abgekühlte Glut meines Selbst.
Vielleicht funktioniert das auch.
Warum auch nicht?

Ich schreibe.
Worte, vom Umtausch ausgeschlossen.
Gefühle, ohne Garantie.
Warum auch?

Komm her.
Geh nicht mehr weg.
Du bist so hübsch.
Bleib einfach hier,
so lange, bis ich mich
an dir sattgesehen habe.
Und meine Augen schließe.

Komm her.
Geh nicht mehr weg.
Du schmeckst so gut.
Bleib einfach da,
so lange, bis ich mich
an dir fett gefressen habe.
Und nicht mehr Hunger leide.

Komm her.
Geh nicht mehr weg.
Es ist so schön mit dir.
Sei einfach hier und da,
bis ich meinen Frieden
gefunden habe.
Und dann geh weg
und komm nie wieder.

BLEIB EINFACH NICHT ZU LANGE FORT.

SchlussStrich

WEITERE LYRIKBÄNDE VON MRS. McH

VISZERA
In meinen Eingeweiden
wachsen Wortblumen
ISBN 9783756276974

DUNKLE BLÜTEN
In dunklen Herzen
blühen Wortwunden
ISBN 9783756292080

SOLILOQUIUM
Die Zeit war reif
Sammelband: VISZERA & DUNKLE BLÜTEN
sowie weitere, bisher unveröffentlichte Texte
ISBN 9783756276745

WORTE | NICHTSALSWORTE
PROSA | LYRIK & WORT | SPALTEREIEN